LA FAMILLE AU CŒUR

Du même auteur

Lucas et Léa, le cours de la vie, (avec Laura Bertail), Salvator, 2024.

Au secours, mon bébé a grandi, Salvator, 2018.

Collection, *La sizaine des Bruns*, Licorne, 2011-2016.

PASCALE MORINIÈRE

LA FAMILLE AU CŒUR

LES ÉDITIONS DU CERF

Ouvrage apporté
par
PHILIPPE VERDIN

www.editionsducerf.fr
24, rue des Tanneries
75013 Paris

ISBN : 978-2-204-16223-4

INTRODUCTION

Le cœur des français

« Le cœur des Français ». C'est le titre d'une enquête *Harris Interactive* pour le magazine *Challenges* d'août 2021[1] qui voulait mieux cerner pour quoi et pour qui bat le cœur de nos concitoyens. 10 000 personnes ont été interrogées. Le résultat est sans appel. Le cœur des Français bat d'abord pour la famille, de manière très majoritaire et ce, quel que soit l'âge des personnes sondées. Jeunes et moins jeunes plébiscitent la famille. Ils sont 69 % à considérer la famille comme de première importance dans leur vie personnelle. Ils la placent juste après la liberté dans les valeurs à défendre dans leur vie de citoyen. Et pour mener à bien leurs projets, ils sont 68 % à compter sur la famille en premier, bien avant leurs amis, à 32 %.

Plus récemment, le 21 octobre 2023, le journal *Le Parisien* a publié une enquête *OpinionWay* réalisée auprès de 2 000 Français pour « prendre le pouls de la société française ». 83 % des personnes sondées affirment que la famille est ce qu'il y a de plus important pour eux et 80 % soutiennent même qu'il est préférable de réussir sa vie de famille que sa carrière.

Ces résultats sont confirmés régulièrement, sondage après sondage : la famille est pour une très large majorité d'entre nous ce qui est le plus important, avant même la

1. Voir sur le site Harris interactive, l'article « Le cœur des Français », Enquête Harris Interactive pour *Challenges*, 31 août 2021.

religion, les amis, le travail, ou les loisirs. Elle est au cœur de nos préoccupations personnelles, comme elle est au cœur de notre projet collectif pour bâtir la société.

Une situation paradoxale

Cette primauté de la famille dans le cœur et les préoccupations des Français n'est pourtant pas relayée par des messages publics forts ou des décisions politiques structurantes. On entend peu parler d'elle ou alors uniquement lorsqu'elle va mal. Quelques mois après la publication de cette enquête, le 20 avril 2022, avait lieu le débat de l'entre-deux tours de la présidentielle entre Emmanuel Macron et Marine Le Pen. En deux heures trente d'échanges, la famille n'a été citée que quelques instants pour évoquer les aides à apporter aux familles monoparentales. Pas un mot de reconnaissance quant à la place de la famille dans la société française et dans le cœur de nos concitoyens. Pas une allusion à ce qui fait lever les parents chaque matin pour aller travailler et se relever parfois la nuit quand un des enfants est malade ! Pas plus de message sur le rôle structurant des familles unies dans la société. On constate un grand écart étonnant entre les attentes ou les perceptions des Français et la prise en compte positive des liens familiaux. Est-ce seulement parce que « les gens heureux n'ont pas d'histoire » ? Il serait pourtant bon de reconnaître que les familles – qu'elles soient heureuses ou à la peine – constituent la trame solide de notre société, son armature en quelque sorte !

En effet, les confinements successifs, et particulièrement le premier, au printemps 2020, ont montré que lorsque tout s'efface, seule la famille tient bon. Elle est comme un moellon essentiel à l'édification de la société, parce qu'elle est le premier lieu de nos solidarités. En mars 2020, l'entreprise, l'école, la restauration scolaire, les lieux de convivialité, les restaurants et les bars, les services d'aide à la personne, les transports, les commerces autres que ceux de première nécessité, les associations, les réunions amicales, les lieux de culte… tout ce qui fait notre vie quotidienne, et dont nous trouvons le fonctionnement si normal en temps habituels, s'est arrêté. Le président de la République, Emmanuel Macron, dans son intervention télévisée du 16 mars, nous a enjoint de rester chez nous : « … Occupez-vous des proches qui sont dans votre appartement, votre maison. » Quelle longue périphrase pour parler de la famille ! Parce que les Français se sont bien sûr retrouvés en famille pour faire face au confinement : les étudiants et les jeunes professionnels sont revenus chez leurs parents et ceux-ci ont aussi parfois accueilli leurs parents âgés ou fragiles qui avaient besoin de soutien. Les 17 % de Français qui vivent seuls ont particulièrement souffert de la solitude à ce moment-là, enfermés dans leur logement et sans contact avec autrui, si ce n'est à travers les masques et le plexiglas des caisses du supermarché ou derrière un écran. Nous avons collectivement expérimenté que lorsque tout défaille dans notre société, seule la famille persiste.

La crise du Covid a montré la place irremplaçable de la famille comme pilier de la société, capable de compenser ses carences en cas de crise majeure. Étonnamment, les confinements levés, cette place vitale de la famille n'a pas davantage été valorisée dans les discours ou les politiques publiques. Quelques exemples illustrent cette absence de prise de conscience :

Le premier gouvernement Borne, à l'instar des premiers gouvernements Philippe, n'a pas comporté de ministère de la Famille, pas plus que le gouvernement Attal de janvier 2024. Adrien Taquet a été nommé secrétaire d'État chargé de l'Enfance et des Familles en juillet 2020, soit 3 ans après la première élection d'Emmanuel Macron. Au cours du second quinquennat, un ministre de la Famille en titre n'est arrivé qu'avec la nomination d'Aurore Bergé au ministère des Solidarités et des Familles en juillet 2023, soit plus d'un an après l'élection. Dans le gouvernement Attal nommé en janvier 2024, la ministre déléguée chargée de l'Enfance, de la Jeunesse et des Familles a été nommée un mois après la plupart des ministres du gouvernement Attal. Dans le gouvernement Bayrou, si Catherine Vautrin est bien ministre des Familles, elle est aussi ministre du Travail, de la Santé et des Solidarités avec trois ministres qui lui sont attachés pour ces trois derniers portefeuilles mais aucun d'entre eux n'est responsable de la Famille… Comment mieux manifester que ce sujet n'est pas prioritaire ?

Les arbitrages financiers récents ne se sont pas davantage faits en faveur de la famille. En effet, si 40 % des dépenses de la Sécurité sociale allaient à la branche famille en 1946, celle-ci ne reçoit plus aujourd'hui que 7 % de ce budget. À l'automne 2023, dans le Projet de loi de finances de la Sécurité sociale (PLFSS) adopté à l'Assemblée nationale, la hausse des allocations est restée, pour la huitième année consécutive, inférieure à l'inflation. Cette « sous-indexation » des prestations familiales réduit leur part dans le budget des ménages. La sous-indexation des prestations familiales lèse en premier lieu celles qui en sont les principales bénéficiaires, c'est-à-dire les familles nombreuses et les familles monoparentales.

Et pourtant, les Français persistent, sondage après sondage, répétons-le, à placer la famille en tête de leurs valeurs, attentes et préoccupations. Dans un article de *L'Express* du 13 juillet 2022, *Français et travail, le désamour ?* qui rendait compte d'une étude conjointe de la Fondation Jean Jaurès et de l'IFOP, la famille arrivait en tête des sujets importants pour les Français. 95 % la qualifiant d'importante, voire de très importante, dans leur vie. C'est même une constante puisque la même enquête menée en 1990 montrait que 96 % des Français plaçaient déjà la famille au premier plan de leurs sujets de préoccupation.

Pourquoi ce paradoxe ?

Pourquoi une telle importance dans le cœur des Français mais si peu de considération dans les débats publics ?

La famille est évoquée mais seulement lorsqu'elle dysfonctionne. Lorsqu'elle est le cadre de faits divers, ou lorsqu'elle ne remplit pas ses missions d'éducation. Les émeutes des banlieues de juillet 2023 ont été reliées aux insuffisances des familles. Dans son interview depuis la Nouvelle Calédonie, quelques semaines plus tard, Emmanuel Macron a pointé du doigt les familles monoparentales : « On parle de jeunes qui, pour une écrasante majorité, ont un cadre familial qui est fragilisé, soit parce qu'ils sont dans des familles monoparentales, soit parce qu'ils sont à l'Aide sociale à l'enfance ». En effet, 60 % des jeunes présentés à la justice à la suite de ces émeutes étaient issus de familles monoparentales alors que seuls 25 % des mineurs vivent dans une famille monoparentale, dans la population générale.

Dans un tout autre contexte, le rapport de la commission présidée par Boris Cyrulnik sur les 1 000 premiers jours de l'enfant a été remis en septembre 2020 au secrétaire d'État à l'Enfance et aux Familles. Cette commission, constituée de psychiatres, de psychologues, de pédiatres et d'une sage-femme, a réfléchi au développement de l'enfant de la fin de la grossesse jusqu'à ses deux ans. Ce travail de qualité et approfondi a permis de nombreuses prises de conscience quant aux besoins du très jeune enfant et a mis en évidence des points de repère judicieux pour les politiques de la petite enfance. Néanmoins, sans doute parce qu'il a été mené avec des spécialistes de la pathologie de la prime enfance, ce rapport a posé un regard particulier sur les parents. Ils n'y étaient pas envisagés avec leurs compétences et leurs ressources mais le plus souvent comme « démunis », « seuls et perdus » au milieu d'injonctions contradictoires, voire « épuisés » et « stressés » ou « perfectionnistes ». En toile de fond se révélait le portait de parents dépassés par leurs rejetons ! Le rapport ne mentionne à aucun moment les ressources propres aux pères et aux mères, leur capacité à déployer des trésors de patience et d'opiniâtreté, leur dévouement inconditionnel, leur volonté de donner le meilleur dès les premiers moments du bébé et leur souci de bien faire, à la mesure de leurs capacités.

Pourquoi ne tient-on jamais compte de l'importance des familles pour le développement de chacun et pour la bonne santé de la société ? Les parents ont parfois le sentiment de ne jamais dépasser la formule « Peut mieux faire » inscrite sur leur bulletin scolaire de l'époque de leur petite enfance, et d'être ignorés des responsables politiques lorsqu'ils parlent au nom des familles. La famille est considérée comme un choix privé qui n'aurait pas d'incidence sur la société, à tel point que sa constitution ou sa dissolution serait neutre et indifférente pour la collectivité, juste un objet d'études sociologiques.

Comment expliquer une telle contradiction entre l'attachement adamantique des Français à la famille et la reconnaissance publique qui en est faite ?

Des hypothèses

Quelques hypothèses peuvent être émises :

La famille serait une valeur dite « de droite », voire d'extrême droite. On se souvient de la déclaration du ministre de l'Éducation nationale de François Hollande, le socialiste Vincent Peillon, en septembre 2012, dans une interview au JDD : « Pour donner la liberté du choix, il faut être capable d'arracher l'élève à tous les déterminismes, familial, ethnique, social, intellectuel, pour après faire un choix. » La famille ne serait qu'un déterminisme aliénant parmi d'autres que l'État – neutre, forcément – aurait pour mission de défaire. L'Histoire ne retiendra sans doute pas le nom de ce ministre. Mais la Gauche n'a pas toujours pensé ainsi. En 1936, lorsque le Front Populaire n'était pas encore « nouveau », le Parti communiste français diffusait une affiche représentant une famille père-mère-enfant accompagnée du slogan : « Pour que la famille soit heureuse, votez communiste ! » Cette affiche suggérait que la pensée de gauche et la famille étaient liées. La famille était partie prenante du « Grand Soir » ! Les temps ont bien changé : fin mai 2024, une journaliste de France Inter demandait à Marion Maréchal en quoi sa défense de la famille – rôles essentiels des mères, différence homme-femme, interdiction de la GPA –, différait de celle du maréchal Pétain. Une manière caricaturale de rendre toute réflexion impossible…

Plus que dans une pensée de gauche ou de droite, l'effacement actuel de la famille s'origine dans la pensée libérale-libertaire. La famille est vue par les tenants de l'émancipation comme le dernier lieu qui échappe à l'autodétermination et au libre-choix, elle est le dernier obstacle qui empêche l'individu d'être son propre inventeur. Or on sait les limites de cette pensée et les souffrances qu'elle impose. Si elle n'est pas équilibrée par davantage de solidarité interpersonnelle, l'émancipation provoque plus d'individualisme et de solitude.

Une autre hypothèse serait que la famille ne se nomme plus qu'au pluriel : « les familles ». Ce pluriel exprime qu'il est devenu difficile de brosser les contours actuels de la famille. Alors plutôt que de commettre un impair, on éviterait d'en parler. Politique inconséquente ! Il est d'autant plus nécessaire d'en parler que les jeunes familles qui se constituent aujourd'hui vivent des réalités bien différentes de celles de leurs aînés. Elles rencontrent des défis inédits qu'elles peinent à relever, en particulier la labilité des liens conjugaux, l'effondrement des repères anthropologiques, l'exposition digitale omniprésente et le délitement de la transmission et des solidarités entre les générations. Ces défis appellent une réflexion renouvelée. Examiner ces questions et en comprendre les enjeux permettra de trouver de nouvelles pistes pour les familles du XXIe siècle.

Regardons quels sont les attentes, les rêves et les espoirs au cœur des familles aujourd'hui.

*

ANDRÉ

« Ma grand-mère reste pour moi un modèle de fidélité dans le mariage. Je me souviens de ces petits gestes quotidiens qui l'unissaient à mon grand-père : elle le connaissait parfaitement. Après soixante ans de mariage, elle était capable d'anticiper ses réactions et préparait avec délicatesse les plats qu'il aimait. Lors de mes séjours chez eux, je les entendais bavarder depuis la chambre voisine avant d'éteindre la lumière, sans que je puisse connaître la teneur de ces conversations qui m'intriguaient. C'était sans doute leur manière de terminer la journée, ensemble par un bilan. Mon grand-père lui rendait bien ses attentions : agriculteur, ce passionné de la nature ne revenait jamais d'une balade sans un bouquet de fleurs.

Cette unité, qui puisait sa force dans les petits gestes du quotidien, a montré tout son éclat lorsque mon grand-père a déclaré la maladie d'Alzheimer. Fidèle jusqu'au bout, ma grand-mère a décidé de l'aimer malgré tout ; de l'aimer pour ce qu'il avait été pour elle mais aussi pour ce qu'il était au présent, avec une mémoire abîmée, des sourires lumineux, des gestes volontaires mais lourds, des comportements d'enfant. Elle choisissait avec soin les hôpitaux et les médecins qu'il fréquentait selon leur réputation (hors de question que son mari soit considéré comme un mourant !), elle veillait nuit et jour pour que mon grand-père reste en sécurité auprès d'elle quand celui-ci, modelé par une vie de travail voulait retourner dans la ferme qu'il avait fait fructifier. À chaque fois que mon grand-père paniquait (car il sentait qu'il perdait ses repères), elle le calmait d'un « Qu'est que tu t'en fais, c'est rien, va ! » C'était, selon elle, la recette de la paix ! Apaiser par les mots, par la douceur pour dompter la maladie. Elle était épuisée mais jamais elle n'était désarmée : elle ne se plaignait pas mais trouvait sa force dans son mariage, dans ses enfants, dans le groupe de soutien France Alzheimer et dans sa foi simple mais profonde en la Providence. Mon grand-père est mort un Vendredi saint, ma grand-mère l'a suivi dix ans plus tard. Ses derniers mots ont été pour mon grand-père : « André, viens me chercher. » ”

CHAPITRE 1

UN RÊVE DIFFICILE

La famille, un idéal de vie

« Ils se marièrent, vécurent heureux et eurent beaucoup d'enfants », concluent les contes de fées qui bercent les rêves des enfants. Les contes de Grimm, Perrault ou Andersen connaissent toujours le même succès, même si c'est le plus souvent à travers des adaptations cinématographiques, comme *La Reine des neiges* – inspirée d'un conte danois de Hans Christian Andersen, publié en 1844. « Tout est bien qui finit bien », affirment certains contes, variante de la promesse de bonheur conjugal et familial. Ces affirmations visent à rassurer le jeune lecteur après des péripéties parfois cruelles ou terrifiantes. La promesse ultime, promesse de bonheur, toujours actuelle et opérante pour les enfants du XXIe siècle, est une promesse de joie familiale et de fécondité. Ainsi, dans la même veine, les Associations Familiales Catholiques avaient développé un visuel dans les années 2010 pour valoriser le mariage civil : « La vérité sort des rêves des enfants », sous-titrait une photo d'enfants déguisés en mariés.

Ce rêve n'est pas seulement celui des enfants, à en croire le succès des émissions de téléréalité sur les familles très nombreuses ! L'émission de TF1 : *Familles nombreuses, la vie en XXL* en est à sa 7e saison et à plus de 500 épisodes. Elle s'attache à suivre la vie de 13 familles nombreuses de plus de 4 enfants à travers leurs péripéties quotidiennes. Sa longévité atteste du succès rencontré depuis le lancement de la première saison avec quelque 20 % de part d'audience. Si les Français tendent à se rapprocher de la moyenne européenne de fécondité qui est de 1,5 enfant par femme, ils sont toujours attendris par ce qui reste un idéal pour beaucoup : la famille très nombreuse sur le mode tribu, grandes tablées, fratries turbulentes, rythme joyeux et trépidant.

Un peu plus ancienne que la « famille XXL » mais bien présente dans l'imaginaire collectif : la famille Ricoré. La première publicité à la télévision date de 1972. Déjà la marque iconique du petit-déjeuner était montrée dans la nature et célébrait la famille. Après de multiples déclinaisons, pour suivre l'air du temps et les évolutions des consommateurs, la publicité ne vante plus « l'ami Ricoré » mais valorise « le plein de bonne humeur ». La famille est toujours présente dans la dernière version. Quant à la chanson, elle persiste dans l'oreille de chacun : « Le soleil vient de se lever, encore une belle journée, il va bientôt arriver l'ami du petit-déjeuner, l'ami Ricoré. »

La famille est non seulement une valeur positive mais reste un idéal de vie accomplie pour chacun. Néanmoins, cet idéal est loin d'être facile à atteindre. Les couples sont moins durables, se constituent toujours plus tardivement et n'ont pas le nombre d'enfants qu'ils souhaitent. La famille n'est pas toujours l'idéal dont chacun rêve, comme en témoignent les travaux récents sur les violences sexuelles intrafamiliales. Revers de cette difficulté à fonder sa vie de famille, la solitude augmente et s'apparente à une épidémie dans la plupart des pays occidentaux.

Les couples à la peine

Laura et Thomas, jeunes trentenaires, préparent leur mariage. « Nous sommes bien décidés à nous engager au long cours, pour toute la vie, comme l'ont fait nos parents. Hors de question de divorcer ! Mais nous faisons tout de même un contrat de mariage, au cas où… ». Sauter le pas et s'engager l'un envers l'autre de manière stable et durable sans arrière-pensée est devenu difficile, alors que les exemples d'échec sont multiples. Comment réussir là où tant de proches ont échoué ? Pire, comment réussir lorsqu'on a vécu l'échec de ses parents ou de ses grands-parents, comment ne pas le vivre comme une fatalité, voire comme un héritage implicite, un atavisme ?

Les médias répètent qu'un mariage sur deux se conclut par un divorce. Il y a eu en effet 242 000 mariages en 2023 et quelque 120 000 divorces. (Le nombre des divorces est imprécis car depuis 2017, il est possible de divorcer par consentement mutuel sans passer devant un juge). Néanmoins le rapport du simple au double est erroné car – bien entendu et heureusement – ce ne sont pas les mêmes couples qui divorcent, dans l'immense majorité des cas ! On peut dire qu'il y a moitié moins de divorces que de mariages mais non pas qu'un couple sur deux divorce chaque année.

Cependant le nombre de mariages stagne et le divorce progresse. À titre de comparaison, on comptait, en 1970, 40 000 divorces et 400 000 mariages pour une population de 50,5 millions de Français. Les divorces ont augmenté de 200 % alors que la population n'a augmenté que de 35 %.

Créé en 1999 pour les unions de personnes de même sexe, mais adopté à 95 % par les couples homme-femme, le Pacs (Pacte civil de solidarité) suit une progression inverse de celle du mariage. Alors qu'il s'agit d'un régime conjugal moins stable et moins protecteur des conjoints, le nombre de Pacs a régulièrement augmenté et tend à se rapprocher du nombre de mariages. On a ainsi créé une forme d'union plus fragile qui permet aux conjoints de se déprendre plus aisément. En 2023[1], 204 061 Pacs ont été célébrés.

La Direction de la recherche, des études, de l'évaluation et des statistiques (Drees) estime à 425 000 le nombre de séparations de couples par an, qu'il s'agisse d'un divorce, d'une rupture de Pacs ou d'une séparation après une union libre[2]. On sait à quel point ces séparations sont source de souffrances pour les conjoints et leurs enfants, s'ils en ont…

Alors, qu'est-ce qui pousse encore les jeunes couples, comme Laura et Thomas, vers un projet conjugal ?

Des unions plus tardives

En couple depuis quelques années, le passage de la trentaine est pour de nombreux couples un élément déclencheur qui rappelle le passage du temps et les décisions à prendre pour fonder une famille. Beaucoup souhaitent consolider et officialiser leur relation par le mariage, avant de concevoir des enfants. La trentaine est comme une alerte pour ces couples qui prennent conscience de la progression de l'horloge biologique.

Si entre les années 1950 et 1980, l'âge moyen des mariés était d'environ 25 ans, ce n'est plus le cas aujourd'hui. Le

1. Chiffres consultables sur le site de l'INSEE (l'Institut national de la statistique et des études économiques), *Mariages et Pacs, données annuelles de 1990 à 2024*.

2. Voir l'article sur le site de la DREES, « Les ruptures familiales, les séparations et les familles séparées », publié le 20 juillet 2020.

premier mariage a désormais lieu le plus souvent après la trentaine. En 2022, l'âge moyen du premier mariage était de 32,3 ans pour les femmes et de 33,8 ans pour les hommes[1]. Les causes du recul de l'âge de la nuptialité sont nombreuses : des études plus longues, une difficulté à s'insérer dans le marché de l'emploi, la concurrence avec les modes d'union moins engageants que sont l'union libre ou le PACS et, enfin, les incertitudes économiques ou sociétales qui rendent plus difficile la projection dans l'avenir.

Ces unions plus tardives contribuent à retarder l'âge de la maternité.

Des grossesses plus tardives

En 2021, la moyenne d'âge des femmes lors de la naissance de leur premier enfant était de 29,1 ans, soit 4,9 ans de plus qu'en 1967, d'après *Eurostat*. Les femmes et les couples ont donc leurs enfants de plus en plus tard en France, comme dans la plupart des pays européens. Or, la fécondabilité des femmes est à son plus haut niveau entre 20 et 25 ans. Elle diminue à partir de 30 ans. Le paradoxe est que les femmes ne souhaitent pas ou peu d'enfants à l'âge où elles sont biologiquement le plus fécondes, au cours de la vingtaine, mais cherchent à devenir mères au cours de la trentaine, voire au-delà. L'utilisation de la contraception a laissé croire aux femmes que ce verrou sur leur fécondité leur permettait de différer les naissances à n'importe quel moment de leur vie féconde. Elles ont sans doute été insuffisamment informées quant à la baisse de

1. Chiffres consultables sur le site de l'INSEE, Bilan démographique 2023.

leur fécondité au fil du temps. Ce décalage alimente le marché de la procréation[1], en plein développement dans les pays développés. L'autoconservation des ovocytes, rendue possible par la loi de bioéthique de 2021 est en très forte augmentation. « La demande a été multipliée par huit », d'après la directrice de l'Agence de biomédecine[2], interrogée en mai 2024. Emmanuel Macron a annoncé son intention d'ouvrir l'autoconservation aux centres privés, alors que la loi en réserve l'accès aux établissements à but non lucratif. Les fragiles digues posées contre la marchandisation des gamètes vacillent déjà…

Les couples n'accueillent pas autant d'enfants qu'ils le souhaitent

En 2024, les jeunes couples français ont accueilli 1,62 enfant par femme alors que le désir d'enfant, mesuré en 2023 par une étude Kantar pour l'UNAF, était de 2,27 enfants en moyenne.

Cette évaluation du « désir d'enfant » avait déjà été effectuée en 2011 et en 2020 par l'UNAF, l'Union Nationale des Associations familiales. Elle s'élevait à 2,39 enfants par femme, de manière inchangée au long de ces années alors même que la natalité diminuait.

1. Le marché de la procréation concerne les centres de conservation de gamètes et d'embryons, les laboratoires d'analyse, les cliniques de la procréation, les laboratoires pharmaceutiques, les commerciaux, personnels médicaux et juristes qui organisent la reproduction artificielle.

2. Article d'Iris Derœux dans *Le Monde*, « Six questions sur l'autoconservation d'ovocytes, une pratique de plus en plus demandée en France », publié le 19 mai 2024.

En 2024, il est né 159 000 enfants de moins qu'en 2012. En 12 ans, la fécondité est ainsi passée dans le même temps de 2 enfants par femme à 1,62 enfant par femme. Comme la plupart des pays d'Europe, nous sommes entrés dans un « hiver démographique », selon l'expression du démographe Gérard-François Dumont, et ce dès 1974. Il y a donc déjà 50 ans que nous sommes en dessous du seuil de renouvellement des générations qui se situe à 2,1 enfants par femme. Avant 2014, la France en était proche et maintenait une fécondité de 2 enfants par femme. Mais au début du quinquennat de François Hollande, en 2012-2013, la politique familiale a été sapée avec l'abaissement par deux fois du plafond du quotient familial, la mise sous condition de ressources des allocations familiales et une réforme inappropriée du congé parental. Ces mesures ont impacté les familles de la classe moyenne et ont envoyé un signal négatif aux jeunes couples. Dès 2015, la fécondité française a commencé à reculer. Elle a ensuite poursuivi sa chute, année après année.

Si on rapproche ces statistiques de celles du « désir d'enfant », (les Français désiraient 2,27 enfants par femme en 2023, mais n'en ont mis au monde que 1,68), on comprend que les Français n'ont pas les moyens, la visibilité et la confiance suffisants pour avoir des enfants.

Cette tendance s'est brutalement accélérée en 2023. Au cours de cette seule année, la France a perdu 48 000 naissances, l'équivalent de la population de la ville d'Albi. Elle cède ainsi la première place au classement des pays européens à la Roumanie et à la République tchèque.

La plupart des autres pays occidentaux voient leur natalité baisser depuis plus longtemps que nous. Un certain nombre a déjà réagi parce qu'ils ont pris conscience qu'aider l'éclosion d'une nouvelle génération était la garantie et l'espoir d'un avenir. Le pape François lui-même avait affirmé en 2021, lors des États généraux de la natalité italiens : « Les enfants sont l'espérance qui fait renaître un peuple ! »

Certains pays occidentaux ont réagi vigoureusement pour inverser cette tendance. L'Allemagne, par exemple, a mis en place des mesures de politique familiale fortes dès 2005, et a vu son indice conjoncturel de fécondité augmenter, passant de 1,39 enfant par femme en 2010 à 1,53 en 2020. Ces mesures concrètes ont été ciblées sur la conciliation entre la vie familiale et la vie professionnelle, avec l'ouverture de 400 000 places de crèche, la possibilité pour le père ou la mère de prendre un congé parental indemnisé aux deux tiers du salaire net, la création d'un droit opposable à l'accueil de l'enfant et l'obligation pour toutes les communes de disposer d'écoles primaires capables d'accueillir les enfants toute la journée. Dans le même temps, la part du PIB consacrée à la politique familiale est passée de 2,3 % en 1991 à 3,2 % en 2009. En 2007, Gérard-François Dumont a démontré dans la revue *Population et avenir* qu'il existe une corrélation entre le pourcentage du PIB d'un pays consacré aux enfants et à la famille et son niveau de fécondité. Néanmoins, l'exemple allemand ne peut pas être exporté tel quel aux autres pays, même proches. Les mesures qui ont été prises dans ce pays, correspondaient à son retard en matière de conciliation entre la vie familiale et la vie professionnelle.

Les raisons du renoncement à l'accueil d'un enfant

En France, les AFC ont étudié les raisons de la baisse de la natalité en commandant un sondage à l'IFOP en juillet 2023[1]. 2 000 adultes de moins de 50 ans ont été interrogés. Un tiers d'entre eux ont déclaré avoir renoncé à avoir un enfant. Ce sondage a permis de préciser les causes de ce renoncement. Si la crise climatique est évoquée, elle n'arrive qu'en cinquième position. Les deux premières raisons tiennent aux modes de garde, trop chers ou inexistants, et aux problèmes d'emploi et de ressources financières. Les Français n'ont pas les moyens d'avoir les enfants qu'ils souhaitent : les moyens concrets d'accueil de la petite enfance et les moyens financiers pour soutenir les jeunes familles sont insuffisants. Un point est particulièrement instructif : presque la moitié des couples qui ont renoncé à avoir un enfant auraient pris une décision différente s'ils avaient pu prendre un congé parental, confirmant, une fois encore, l'échec de la Prestation partagée d'éducation de l'enfant (la PreParE) mise en place par Mme Vallaud-Belkacem en 2014. Cette réforme souhaitait favoriser l'égalité entre les hommes et les femmes en éloignant moins longtemps les femmes du marché du travail et en poussant les hommes à s'investir davantage auprès de leurs enfants. Un objectif non affiché, mais clair dès la présentation du projet, était de générer des économies. Avant la réforme, pour les couples ayant deux enfants ou plus,

1. Article de Emmanuelle Lucas, dans *La Croix*, « Une étude fait le lien entre recul des naissances et politique familiale », publié le 29 mars 2019.

la prestation qui indemnisait l'arrêt du travail pouvait être versée jusqu'aux trois ans de l'enfant au père ou à la mère, ou être partagée entre eux. Dans les faits, elle était principalement versée aux mères. À partir du 1er janvier 2015, les CAF ne pouvaient plus verser cette prestation au-delà de deux ans au même parent. Cette réforme a été un échec retentissant puisque 3 ans plus tard, en 2018, le nombre de bénéficiaires avait chuté de 43 %[1] et le congé parental n'a été pris que par moins de 1 % des pères ! Dès 2015, nous l'avons vu, la natalité a commencé à s'affaisser, sans amélioration depuis.

Aujourd'hui, avec une indemnité de la PreParE de 448,43 € par mois pour un travail à taux plein, le compte n'y est pas pour beaucoup de familles. Un enfant supplémentaire n'est possible que pour les plus riches ! Il faut écouter les parents : ils ne demandent pas à être contraints de répartir le congé entre le père et la mère et à ce que leur vie de famille soit pilotée par l'État ! Ils veulent qu'on leur donne la liberté et la possibilité de s'arrêter. C'est, le souhait de la moitié des parents qui renoncent à avoir un enfant ou un enfant de plus.

Nous avons besoin, en France d'une politique familiale lisible et pérenne qui donne confiance aux jeunes couples. Il ne s'agit pas d'une politique nataliste mais simplement de permettre à chaque foyer d'accueillir le nombre d'enfants qu'il souhaite. Il ne s'agit pas d'une dépense supplémentaire mais d'un investissement pour l'avenir de notre pays, comme l'a bien montré un rapport du Haut-commissariat au Plan de mai 2021 : « Démographie : la clé pour préserver notre modèle social ».

---

1. Évaluation du congé parental d'éducation et de la « prestation partagée d'éducation de l'enfant », (pdf sur igas.gouv.fr).

Une natalité dynamique remplirait quatre objectifs : permettre aux jeunes parents d'accueillir le nombre d'enfants qu'ils souhaitent, sécuriser notre modèle social fondé sur la solidarité entre les générations, être une source de dynamisme économique et enfin permettre à tous les Français de se projeter vers le futur avec enthousiasme et optimisme.

Serons-nous le premier pays riche capable de conjuguer un bon niveau de développement et un accueil généreux de la vie ? Le défi est là. Il est vital.

Les familles abusives

La famille apparaît parfois bien éloignée de l'idéal de la « Famille Ricoré ». Maltraitance, abus de pouvoir et abus sexuel : la vague de dénonciations des violences sexuelles intra familiales s'est poursuivie dans le sillage de l'onde de choc déclenchée par le livre témoignage *La Familia Grande* de Camille Kouchner, en janvier 2021. Nous découvrons collectivement que la famille n'est pas toujours ce havre de paix et de bienveillance rêvé. Elle peut être un lieu d'abus et de maltraitance déstructurant. Sans aller aussi loin, la séparation parentale et son cortège de conflits peuvent marquer durablement et négativement les enfants qui les subissent et qui ont vu, un jour, s'écrouler leur univers.

Je sais trop bien que la vie de famille est parfois loin d'être idyllique. Médecin généraliste pendant de nombreuses années en grande banlieue parisienne, je ne peux ignorer les souffrances que traversent trop de familles : Sylvie dont le mari menait une double vie et qu'elle ne se résolvait pas à quitter ; Paul, un adolescent dont les parents affirmaient regretter de l'avoir mis au monde ; Odette qui était venue me parler de la maltraitance de son gendre envers son petit-fils… Que de douleurs dans ces familles !

Ces dernières justifient la désidéalisation, voire le rejet de la famille. La philosophe Sophie Galabru, petite-fille de Michel Galabru, à l'occasion de la publication de son ouvrage *Faire famille. Une philosophie des liens*[1] résume ce ressenti dans la revue *Philosophie magazine* du 18 octobre 2023 : « La vie de famille suscite de la frustration et de la colère, à cause de l'écart qu'elle génère entre ses promesses et ce que l'on traverse ; elle n'est pas toujours conforme aux idéaux qu'elle annonce, qui ne sont souvent que des mystifications. » Elle reconnaît cependant dans le même article : « On m'a aussi transmis des craintes sur la vie de famille, car ma famille paternelle était très éclatée. »

Ce ressenti, largement partagé, justifie souvent le désamour ou le rejet de ce que porte la famille. Rien ne s'est pourtant montré plus ajusté pour accueillir et faire grandir les nouvelles générations. Toutes les tentatives pour contourner ou remplacer la famille, qu'il s'agisse des états totalitaires ou des expérimentations sectaires, se sont soldées par des échecs plus retentissants encore que les situations d'abus des familles dysfonctionnelles.

Les couples sont plus fragiles et ils ont moins d'enfants : la vie de famille n'est pas toujours cet idéal des contes de fées. Le corollaire de l'ensemble de ces évolutions est la montée de la solitude.

1. Ouvrage publié aux Éditions Allary, en 2023.

Davantage de solitude

La solitude n'est plus seulement le syndrome de Lucky Luke, ce « *Poor lonesome cowboy* », version western de la solitude originelle d'Adam avant la création d'Ève, que traversent tous les adolescents, mais elle est devenue un mal endémique de nos sociétés développées. Nous évoquions la difficulté pour toutes les personnes seules d'être confinées en 2020. 17 % de la population[1] vit seule, soit une personne sur 6 ! Un adulte sur 6 vit tout seul aujourd'hui en France.

Les Petits Frères des Pauvres, à l'occasion de la sortie de leur baromètre, en 2021 : « Isolement et solitude quand on a plus de 60 ans », montraient que notre pays était passé de 300 000 personnes en état de « mort sociale » en 2017, à 530 000 personnes en 2021. Cette étude a analysé les relations entretenues avec les différents cercles de sociabilité : la famille, les amis, les voisins et le réseau associatif. Être en état de mort sociale, c'est n'avoir quasiment plus de relation effective avec ces différents cercles. C'est, en quelque sorte, devenir un « invisible » dans la société. Le même baromètre relevait que le nombre d'aînés isolés des cercles familiaux et amicaux a plus que doublé entre 2017 et 2021.

Il peut sembler étonnant de s'appesantir sur la solitude alors que nous regardons la vie des familles, mais la solitude est la marque douloureuse de l'absence de famille et de la solidarité qui lui est consubstantielle. La solitude

1. Chiffres consultables sur le site du Centre d'observation de la société, dans l'article « De plus en plus de personnes vivent seules », publié le13 juin 2023.

montre en creux combien les apports affectifs, relationnels, sociaux et économiques de la famille sont déterminants pour le bien-être de chacun.

La famille peut être vue comme un refuge en période troublée. Quand les repères vacillent, on se cantonne dans son univers proche, rassurant, sécurisant. Néanmoins, de refuge à citadelle, il peut n'y avoir qu'un pas. Chacun connaît le cri d'André Gide dans *Les nourritures terrestres* : « Familles, je vous hais ! Foyers clos ; portes refermées ; possessions jalouses du bonheur. » Cet anathème résonne encore, plus d'un siècle plus tard. C'est le témoin de la douloureuse amertume d'être exclu du cercle familial. Gide s'indignait d'un bonheur qui ne se dispensait pas au-delà de ce petit univers ; mais cette révolte exprimait aussi, en creux, combien il aurait aimé le partager avec ceux qui en vivaient.

S'il s'agit d'un rêve difficile, c'est un rêve qui résiste. Qui résiste si bien qu'il demeure la référence de la vie heureuse, même pour ceux qui, comme André Gide ou Sophie Galabru, le fustigent.

*

VIRGINIE

“ Nous nous sommes mariés avec le rêve de constituer une famille nombreuse. Au bout de quelque temps, nous nous sommes rendu compte que l'enfant espéré ne viendrait pas si facilement. Une première fausse couche, puis une seconde… Le temps a passé, nous vivions de plus en plus douloureusement les annonces de grossesses ou de naissances parmi nos couples d'amis. La question sur le nombre d'enfants dans notre famille, parfois assortie d'une question complémentaire pour savoir depuis combien de temps nous étions mariés, nous semblait intrusive et indélicate. Autour de nous, nos proches ne savaient que dire ou ne pas dire sur ce sujet si sensible.

Quel était le sens de notre mariage si nous devions nous résoudre à l'infécondité ? Nous devions profondément repenser ce qu'était la fécondité de notre couple. Tout ce que nous avions projeté et espéré était remis en cause douloureusement.

Après une quatrième fausse-couche, Virginie a été prise en charge par un nouveau médecin qui a posé un diagnostic précis et a pu apporter un traitement. Nous avons eu la grande joie d'accueillir un petit garçon.

Nous avons alors espéré pouvoir renouer avec notre rêve de famille nombreuse. Une nouvelle grossesse, puis une autre se sont achevées avant le terme. Nous avons ensuite décidé d'adopter… ce qui a été une autre et longue histoire.

Notre expérience de l'infertilité nous a rendus sensibles et attentifs aux couples qui, autour de nous traversent cette épreuve. Nous n'avons pas oublié cette étape dans notre vie maritale et l'incertitude douloureuse traversée. Nous ne demandons plus aux personnes que nous rencontrons combien elles ont d'enfants sans être assurés qu'elles ont bien des enfants. Nous rendons chaque jour grâce à Dieu pour nos enfants ! ”

CHAPITRE 2

LA FAMILLE ? QUELLE(S) FAMILLE(S) ?

Des dictionnaires pris à partie

En octobre 2022, une interpellation par X (Twitter) interposé des dictionnaires Robert et Larousse avait déclenché une polémique : l'Association des familles homoparentales (ADFH) s'indignait de leurs définitions du mot « famille ». Le Robert définissait la *famille* comme « les personnes apparentées vivant sous le même toit et, spécialement, le père, la mère et les enfants ». Cette définition avait provoqué l'ire de l'ADFH. Le dictionnaire s'était aussitôt engagé à la modifier sur son site. Nous pouvons désormais lire : « Famille : les personnes apparentées vivant sous le même toit et, spécialement, les parents et les enfants. » Pris à partie de la même manière, le dictionnaire Larousse avait, lui, refusé de changer sa définition : « Ensemble formé par le père, la mère (ou l'un des deux) et les enfants. » Rattrapé depuis par les évolutions de la société, il définit désormais la famille comme : « L'ensemble formé par les parents (ou l'un des deux) et les enfants. »

Cet empressement du *Robert* amené si vite à résipiscence, par la magie des réseaux sociaux, pourrait prêter à sourire si de telles escarmouches étaient anodines. Mais elles ne le sont pas, car elles illustrent un argument d'autorité répété à l'envi : « Maintenant, il y a plusieurs façons de faire famille. » Cet argument a, par exemple, justifié que le ministère de la Famille devienne celui « des Familles » en 2014. Comme si on ne pouvait plus voir la famille comme une entité en soi mais seulement comme un objet morcelé au gré des expériences individuelles. Je m'étais étonnée auprès du secrétaire d'État chargé de l'Enfance et des Familles, Adrien Taquet, de l'intitulé singulier de son ministère qui disait une chose et son contraire : l'enfance pourrait être considérée en soi, quelle que soit la diversité des enfants mais la famille ne le pourrait pas. Cette situation était pour le moins étrange… Après le gouvernement Barnier de septembre 2024 qui a fait cesser cette étrangeté avec un ministère de « la Famille et de la Petite enfance », celui de François Bayrou est revenu à l'intitulé de ministère « des Familles » alors qu'il vient de lancer le service public de « la petite enfance ». Idéologie, quand tu nous tiens !

Revenons à notre dictionnaire : il n'est ni une tribune politique, ni un relais militant. Il tente, en définissant les mots, de rendre compte de leur acception dans une époque donnée. Les faits plutôt que les aspirations ; le réel plutôt que les revendications. Des enfants vivent aujourd'hui sous le même toit que deux hommes ou deux femmes, c'est indéniable. Mais s'agit-il pour autant d'un phénomène massif justifiant de faire évoluer la définition du mot « famille » ?

Dans son « Panorama des familles d'aujourd'hui » de 2021, le Haut Conseil à la famille, à l'enfance et à l'âge dénombrait 31 000 enfants, dont 26 000 mineurs, vivant dans un foyer dit « homoparental ». Soit un peu moins de 0,2 % des 14,1 millions de mineurs vivant en famille. Il s'agit d'une très faible proportion qui ne justifie en rien de changer le sens du mot « famille ».

À titre de comparaison, nous pouvons donner la répartition des familles françaises selon leur composition lors du recensement de l'INSEE de 2020 : 66,3 % des mineurs vivaient alors avec leurs deux parents, 9 % étaient dans une famille recomposée et 24,7 % dans une famille avec un seul parent au foyer, le plus souvent la mère.

Définir par le réel

Ces statistiques montrent qu'il existe toujours un type de famille largement prédominant, que l'on pourrait appeler la famille unie, et des échecs à cette unité familiale entraînant des séparations suivies parfois d'une nouvelle union. Autrement dit, il y a toujours une façon très majoritaire de « faire famille ». En 2011, 70,4 % des mineurs vivaient en famille unie, 20,3 % en famille monoparentale et 9,3 % en famille recomposée. En comparant ces chiffres avec les statistiques citées au paragraphe précédent, on constate que les familles unies ont continué à se déliter (4 points en moins) pour aboutir à davantage de foyers monoparentaux.

Il y a une voie commune pour « faire famille » et des échecs, toujours plus nombreux, à cette aspiration à réussir l'unité familiale. Chaque fois que j'ai présenté ces chiffres, ils ont suscité l'étonnement, tellement le mantra : « Maintenant, il y a différentes façons de *faire famille* » contribue à implanter la croyance que toutes les configurations familiales seraient proches en importance. Les familles qualifiées de monoparentales, recomposées ou homoparentales ne représentent pas la même proportion que les familles dites « traditionnelles ». Il me semble d'ailleurs que qualifier les familles unies de « familles traditionnelles » contribue à les ringardiser et les rendre anecdotiques. Redisons-le avec force : dans notre pays, 2 mineurs sur 3 vivent aujourd'hui avec leur père et leur mère, dans des familles unies.

Dans ce panorama d'ensemble, certaines statistiques sont inconnues, notamment celles concernant les enfants vivant dans des familles polygames. Cette configuration familiale est illégale en France et, depuis 1993, la polygamie est un motif de retrait ou de refus d'un titre de séjour. Une étude de 2006 de la Commission nationale consultative des droits de l'homme évoquait 20 000 familles et 180 000 personnes concernées. Un article du *Parisien* du 20 novembre 2009, citant un rapport de Sonia Imloul, spécialiste des banlieues pour l'Institut Montaigne, évoquait 50 000 à 100 000 enfants qui vivraient dans une famille polygame. Il s'agit d'une situation « d'invisibles » au sein de la République française. Les dictionnaires n'en ont pas pour autant changé leur définition de la famille !

Néanmoins, si notre société a été façonnée par la structure de base de la famille père-mère-enfants, une majorité d'enfants naît désormais hors mariage et le nombre de familles sans père ou, plus rarement, sans mère, augmente au détriment des familles unies. La matrice catholique, telle que la décrit Jérôme Fourquet[1], s'estompe pour bon nombre de nos concitoyens. La philosophe Chantal Delsol évoque, elle, une « inversion normative »[2] : les fondements que la chrétienté avait établis – comme le statut de l'épouse ou l'indissolubilité du mariage – tendent à revenir en partie à ce qu'ils étaient lorsque le paganisme structurait la société, avant le IVe siècle, en Europe. La conjugalité est devenue labile et évolutive au gré du temps. Non pas que les couples se recomposent davantage, puisque depuis les années 1990, la proportion de familles recomposées reste stable, autour de 9 %, mais bien plutôt parce que les familles se décomposent, comme l'indique l'augmentation de la part des familles monoparentales, une sur quatre désormais.

---

1. FOURQUET, Jérôme, *L'Archipel français*, Seuil, 2019.
2. DELSOL, Chantal, *La fin de la Chrétienté*, Cerf, 2021.

Ce qu'en dit l'Église

La doctrine sociale de l'Église, pour sa part, définit la famille[1] comme « une communauté de vie et d'amour fondée sur le mariage entre un homme et une femme et ouverte à la vie ». Plus qu'une définition, c'est aussi une invitation à approfondir la vie et l'amour qui nous unissent et sont source de bonheur. Cette manière de penser la famille comme une « communauté de vie et d'amour » a été occultée par les évolutions sociologiques récentes. Si, jusque dans les années 1960, les familles vivaient souvent en communauté avec toute une parenté de trois ou quatre générations sous le même toit, ou au moins en grande proximité géographique, des transformations ont rompu avec ce modèle pour privilégier la famille dite nucléaire. L'exode rural, mais aussi la revendication d'autonomie des jeunes foyers et le glissement de la famille à vocation de transmission patrimoniale vers la famille comprise comme lieu d'épanouissement de chacun. La famille s'est ainsi réduite aux parents avec leurs enfants, soit deux générations, sous le même toit. Cette évolution quasi générale a modelé aussi notre manière de penser la famille. Le mot évoque à présent des parents avec leurs seuls enfants. Quelle est alors la place des grands-parents ou des adultes qui n'ont pas fondé de famille ? Se sentent-ils autorisés à parler de « leur » famille alors qu'ils ne sont plus ou pas en charge d'une autre génération ? Si nous revenons à la définition donnée par l'Église, reconnaissons qu'elle est plus inclusive que le « père-mère-enfants » : la famille pensée comme « communauté de vie et d'amour » est

1. Concile Vatican II, *Gaudium et spes*, partie 2, chapitre 1.

ouverte aux générations qui ne sont plus en charge d'enfants tout comme aux célibataires oncles, tantes, cousins... Nous devrions avoir davantage cette vision large, vivante, généreuse de la famille qui ne se confond pas avec le foyer fiscal.

Cette communauté de vie et d'amour se noue d'autant plus solidement qu'à chaque génération elle se fonde sur une alliance définitive, exclusive, ouverte à la vie et institutionnalisée : le mariage.

MAIS AUSSI...

La famille peut aussi être vue comme la solution de toutes les civilisations pour organiser la différence des sexes et la différence des générations. À chaque génération, c'est de la différence et de la rencontre sexuelle que vient l'engendrement de nouvelles vies. Un axe horizontal, la différence des sexes, et un axe vertical, la différence des générations se croisent pour constituer la famille. Manière plus conceptuelle et en apparence moins incarnée que la vision de « communauté de vie et d'amour ». En apparence seulement car cette lecture rappelle le rôle crucial de la sexualité dans la constitution de la famille. La sexualité est au croisement des deux axes et, sans elle, il n'y a ni couple, ni enfantement !

Cette manière de penser la famille est utilisée aussi bien par la sociologue Irène Théry[1] que par le philosophe Fabrice Hadjadj : « La famille est donc d'abord

1. THÉRY, Irène, « Différence des sexes et différence des générations. L'institution familiale en déshérence », Revue *Esprit*, n° 227, 12 décembre 1996, p. 65-90.

le lieu où s'articulent la différence des sexes et la différence des générations, ainsi que la différence de ces deux différences[1]. »

Bien sûr, comme pour toutes nos entreprises humaines, certaines familles sont imparfaites ou incomplètes : la différence des générations peut manquer, la différence des sexes peut manquer. Non que les autres familles seraient parfaites mais parce que certaines ne peuvent pas ou ne parviennent pas à réaliser la vocation commune : articuler la différence des sexes et des générations.

Cocon protecteur ou gardienne du patrimoine ?

La famille est devenue le lieu d'immenses attentes puisqu'elle est sommée de permettre l'épanouissement et la réalisation de chacun, alors que le monde extérieur est lui perçu comme agressif, insécurisant, pollué, bref, plein de risques ! À la famille d'être ce cocon de douceur, d'affection ou d'épanouissement personnel qui doit être toujours paisible et gratifiant. Ces attentes, idéalisées et, avouons-le, irréalistes, entraînent des blessures et des souffrances par les déceptions qu'elles suscitent immanquablement. Si la fonction essentielle de transmission du patrimoine a été l'apanage de la famille jusqu'au XIXe siècle, son champ a été heureusement transformé pour s'humaniser. Mais

---

1. Article disponible sur le site Aleteia, publié le 14 mars 2014 : « Lors de la conférence finale du Grenelle de la famille, le samedi 8 mars dernier, le philosophe catholique Fabrice Hadjadj s'est exprimé sur la perspective philosophique de la famille », cf. Le Grenelle de la famille, 8 mars 2014.

limiter la famille à la fonction de lieu-refuge pour chacun de ses membres entraîne d'autres excès.

En appelant la famille à être une « communauté de vie et d'amour », l'Église ne cherche pas à équilibrer les deux visions plutôt utilitaristes de la famille qui se sont succédé : l'une matérialiste et l'autre autocentrée, mais elle encourage à approfondir un programme de vie, c'est-à-dire à perfectionner sans cesse la relation d'amour sur laquelle reposent les fondations de la famille depuis 5, 10 ou 40 ans. Elle n'établit pas de constat, mais montre une dynamique de l'amour ; elle n'énonce pas de norme, mais invite à passer à l'action.

★

EMMA

“ Ma famille est un abri sûr vers lequel je sais que je peux revenir quand je veux. Elle m'a transmis des repères stables. Mes parents sont loin d'être parfaits mais ils m'ont donné un équilibre que je trouve précieux. Je tiens d'eux un sens du réel et du concret, l'habitude d'être attentive aux actes plutôt qu'aux mots, de ne pas se raconter d'histoires.

Mes parents se sont séparés quand j'avais quatorze ans. C'était à la fois banal autour de nous et un tsunami pour mes sœurs et moi. Pendant deux ans et demi, nous sommes allées de l'un à l'autre entre les week-ends et la semaine, voyant moins nos amis pour passer du temps avec nos parents, déménageant sans cesse et essayant, au milieu de tout ça, de résoudre nos questions d'ados. J'ai redoublé ma troisième et l'une de mes sœurs a redoublé aussi. Notre point stable était nos grands-parents maternels.

Au bout de tout ce temps, mes parents, qui étaient restés seuls chacun de leur côté, ont choisi de vivre à nouveau ensemble. Nous étions à la fois contentes et un peu inquiètes. Ils ont bénéficié d'un accompagnement. Des choses ont changé. Nous avons retrouvé une plus grande stabilité affective. Ils ont dû s'occuper pas mal de Chloé, ma petite sœur qui faisait n'importe quoi…

Ma famille m'a transmis des failles. Je suis faite de ce que je suis et de tout ce que j'ai reçu ou mal reçu ; toute mon histoire. Cela m'a rendue prudente dans mes relations avec les autres. Mais j'ai aussi expérimenté qu'aucune situation n'est bloquée, que le pardon peut tout transformer. C'est une grande force. Je suis étudiante et je vois moins mes parents. Je rentre toutes les 3-4 semaines à la maison et nous discutons beaucoup.

Je ne pourrais pas me passer de ma famille. C'est mon socle. ”

CHAPITRE 3

LE COUPLE À L'ÉPREUVE DE LA LIBERTÉ

Pierre angulaire de la famille, le couple en est aussi, trop souvent, le maillon faible. Les émeutes des banlieues de l'été 2023 ont montré sans ambiguïté le lien entre les séparations conjugales, les échecs éducatifs et la délinquance juvénile. La surreprésentation[1] de jeunes émeutiers issus de familles désunies prouve, à rebours, combien les familles unies contribuent à la paix sociale. Une statistique ne fait pas une règle générale mais la déshérence de certains adolescents qui grandissent sans père, atteste de la nécessité pour la société de protéger l'unité conjugale et de donner sa juste place au père de famille.

Les couples se forment désormais, dans leur écrasante majorité, sur le principe de l'essai-erreur, le plus souvent au cours de la dizaine d'années de la post-adolescence que constitue la vingtaine.

Le tournant de la trentaine, notamment quand le couple dure depuis quelques années, encourage à envisager la venue d'un enfant et, éventuellement, à officialiser l'union.

Éventuellement, car la ritualisation de la formation des couples avec la dimension sociale qui lui est attachée est de moins en moins partagée par les jeunes couples qui ne perçoivent plus, ou seulement partiellement, ce que leur histoire commune implique au-delà d'eux-mêmes pour la société. Il pourrait sembler anachronique de parler d'individualisme à deux, ou « d'individuolisme », mais le recul de l'engagement en témoigne bel et bien. Depuis 2006, la part des enfants nés hors mariages dépasse les 50 % et

1. Article consultable sur le site *Le Parisien*, publié le 7 octobre 2023, « Mort de Nahel : un tiers des émeutiers étaient mineurs, dont 60 % issus d'une famille monoparentale ».

a continué d'augmenter très régulièrement puisqu'elle était de 65,2 % des naissances en 2022. En 2023, après une augmentation constante pendant 30 ans, cette part des naissances hors mariage est revenue à 58,5 % des naissances, soit son niveau de 2012. Cette rupture de tendance sera à suivre avec attention : les jeunes couples commenceraient-ils à lier davantage mariage et accueil de leurs enfants[1] ?

Mariage ou PACS ?

Le mariage reste néanmoins le mode d'union le plus protecteur, car la raison principale de l'institution du mariage civil est la protection du plus faible. Que ce soit le conjoint ou l'enfant. En donnant explicitement la définition du père dans l'article 311 du Code civil : « L'enfant conçu ou né pendant le mariage a pour père le mari », le Code civil protège la mère. Elle n'a pas besoin de saisir la justice pour faire reconnaître la paternité d'un homme. Le mariage donne ainsi des droits assortis de devoirs : « Les époux assurent la direction morale et matérielle de la famille. Ils pourvoient à l'éducation des enfants et préparent leur avenir. »

Bien sûr le mariage n'est pas une garantie à vie et ne présume pas de la réussite du couple. Il faut de l'amour, un grain de folie et une dose de non-conformisme pour se marier aujourd'hui alors qu'il est devenu si banal de se séparer ! Le mariage civil s'est d'ailleurs rapproché des autres régimes conjugaux, le Pacs, le concubinage et les différences sont désormais bien ténues.

1. Chiffres consultables sur le site de l'Insee, « Naissances hors mariage, données annuelles de 1994 à 2024 ».

Le mariage reste pourtant l'union la plus solide et donc la plus protectrice : plus d'engagement et de devoirs vont avec plus de droits. À travers les différences de régimes fiscal, patrimonial, successoral, la société indique que le mariage est ce qui la constitue de la manière la plus solide et la plus durable. Mais la facilitation du divorce (le divorce « sans juge » depuis le 1er janvier 2017) et le rapprochement des régimes du Pacs et du mariage tendent à diluer le sens du mariage civil en tant qu'institution structurante et fondatrice de la famille. Aujourd'hui, ce n'est que lorsque le mariage se dissout, par le décès ou la séparation, qu'il est plus protecteur qu'un Pacs. Il permet aux anciens époux d'avoir droit à une pension de réversion ou une pension alimentaire, ce qui n'est pas le cas du Pacs.

Par le mariage, il se crée une alliance, c'est-à-dire un lien de famille d'où découle la filiation ou le droit d'user du même nom, par exemple. Le mariage offre ainsi des garanties de stabilité aux familles. L'État aurait tout intérêt à favoriser le mariage, plutôt que le Pacs ou l'union de fait, afin de consolider les liens des couples, des familles et *in fine*, de toute la société. Malheureusement, la pression libérale qui s'exprime par l'absolu de l'autonomie individuelle mène à des lois ou des décisions de justice qui contribuent à affaiblir l'institution du mariage.

La loi du 21 février 2022 sur l'adoption permet désormais à des personnes pacsées ou en concubinage d'adopter un enfant. Elle donne les mêmes droits à des régimes matrimoniaux qui n'impliquent pourtant pas les mêmes devoirs. Les enfants confiés pour l'adoption ont déjà été fragilisés dès leur plus jeune âge par le séisme de la rupture d'avec leurs parents biologiques. Il aurait été plus juste de continuer à ne les confier qu'aux familles les plus engagées, d'autant que le nombre de candidats à l'adoption dépasse de très loin le nombre d'enfants adoptables. L'adoption par des personnes célibataires est possible depuis 1966. Si elle peut être légitime dans le cadre intrafamilial (adoption d'un neveu orphelin par sa tante célibataire, par exemple), elle ne l'est plus dans le contexte actuel d'abondance de candidats à l'adoption dès lors que l'on estime toujours que l'adoption a d'abord pour objectif de donner une famille à un enfant, qui n'en a plus, et non le contraire.

L'affaire Gleeden

Dans la même veine d'affaiblissement de l'institution du mariage, la Cour de cassation a rendu, le 16 décembre 2020, un jugement définitif dans l'affaire qui opposait depuis plusieurs années les Associations familiales catholiques (AFC) à *Gleeden*, un site de rencontres extraconjugales destiné en priorité aux personnes mariées. Que l'on comprenne bien : ce n'est pas n'importe quel site de rencontres : sa finalité est d'encourager les époux à tromper leur conjoint ! Selon le juge qui a rejeté le pourvoi en cassation, « il n'est pas interdit de faire la promotion de l'adultère, au nom de la liberté d'expression ». Pourtant, en permettant de faire de la publicité pour l'infidélité, la justice contredit le Code civil qui déclare que « Les époux se doivent mutuellement respect, fidélité, secours et assistance ».

Le jugement rendu en appel le 17 mai 2019 stipulait déjà que « seuls les époux peuvent se prévaloir d'un manquement à l'obligation de fidélité », que « l'infidélité n'est ni violente, ni illicite, ni antisociale » et que « dès lors, il ne serait alors pas non plus illicite d'en faire la promotion commerciale ». Ce raisonnement de la justice est biaisé puisqu'il existe pour les couples différentes formes d'union : Pacs, union libre ou mariage. Personne n'a l'obligation de se marier. Dès lors que deux personnes choisissent de s'unir librement par le mariage, il est légitime que la loi prohibe l'incitation à la violation de cet engagement si elle le reconnaît comme structurant pour la famille et la société.

Ces jugements successifs ne tiennent pas compte des souffrances qui accompagnent l'infidélité pour le conjoint trompé, les enfants et la famille proche. Dans le fond, ils rendent simplement compte de l'affaiblissement du sens du mariage, davantage compris désormais comme un contrat privé entre deux personnes libres d'en choisir le sens et le contenu, plutôt que comme une institution.

Aujourd'hui, le mariage civil n'est plus indissoluble, ni pour toute la vie. Il n'est plus obligatoirement entre un homme et une femme et il n'est plus nécessairement monogame. On peut même s'interroger sur l'obligation encore imposée aux cultes de faire précéder un mariage religieux par un mariage civil, alors que les deux notions recouvrent des contenus si dissemblables.

PRÉVENIR LES SÉPARATIONS

La fragilité des liens conjugaux est le premier facteur d'appauvrissement des foyers : selon les chiffres de l'Insee, le niveau de vie moyen des personnes isolées avec plusieurs enfants est inférieur de 36 % à celui de l'ensemble de la population. Le rapport du Crédoc d'avril 2023 indique qu'il y avait 2,1 millions de personnes vivant en familles monoparentales sous le seuil de pauvreté en 2019. Ce nombre a quasiment doublé depuis 1996.

La séparation conjugale appauvrit la famille tout en entraînant d'autres conséquences négatives : des difficultés sociales, éducatives et sanitaires qui impactent l'ensemble de ses membres. Des efforts financiers toujours plus importants sont consentis par les pouvoirs publics pour compenser les différents risques qui menacent les familles monoparentales.

Notre pacte social compense heureusement les accidents de la vie. Mais lorsque ces accidents concernent un quart des familles, il devient plus que nécessaire de s'interroger sur le bien-fondé de cette seule politique palliative. Une politique préventive serait de plus long terme, sans doute moins rentable en termes d'affichage politique, mais bien plus utile à la société. Moins de séparations, cela signifie moins de conflits et moins de violences intrafamiliales, moins d'appauvrissement, moins de souffrances psychologiques et sociales, moins de difficultés éducatives et scolaires et de meilleures chances pour les enfants de ces familles.

Les AFC plaident pour la valorisation du mariage civil, dans sa préparation et dans sa célébration, ainsi qu'une nette différenciation entre les régimes du mariage, du Pacs et du concubinage. Elles souhaitent agir en amont et développer une véritable politique préventive, et pas seulement une politique palliative, afin que les couples, les familles et la société se portent mieux. Voici leurs propositions :

– Mieux préparer les couples à la vie conjugale et proposer une préparation à la conjugalité en mairie lors du dépôt d'un dossier de mariage, de Pacs, ou d'une demande de certificat de vie commune. Ce serait l'occasion d'informer les couples sur les droits et les devoirs de chacun des trois régimes juridiques, afin qu'ils puissent faire des choix en connaissance de cause et savoir ce à quoi ils s'engagent. Cette préparation à la conjugalité permettrait aussi de proposer une formation à la résolution des conflits afin de prévenir la maltraitance. Se diffuserait ainsi une culture de la résolution des conflits de manière plus paisible au sein des couples et dans les relations parents-enfants. Il existait un texte de préparation au mariage civil à l'époque de la ministre de la Famille, Roselyne Bachelot. Il avait été mis en place par la ministre, puis était resté un certain temps sur le site de ce ministère. Or, ce texte de préparation a disparu : il serait bien utile que les mairies disposent d'un nouveau cadre pour faire de la prévention, à un moment où la puissance publique croise la vie des familles en cours de constitution.

– Une autre proposition consisterait à organiser un remboursement des séances de conseil conjugal par les caisses d'allocations familiales. En effet, les psychologues et les conseillers conjugaux et familiaux constatent bien souvent que les couples viennent les consulter trop tardivement, alors que la relation est déjà très dégradée. Le remboursement créerait une normalisation et une facilitation de la consultation. Il donnerait aussi un signal clair, celui que « la société se préoccupe du bien-être des couples, qu'elle prend soin d'eux et qu'elle met des moyens pour assurer leur stabilité ». Veiller et soutenir la bonne entente et l'unité conjugale est bénéfique pour la bientraitance de tous les membres de la famille. Il s'agit d'un investissement pour la bonne santé de la société tout entière.

– Par ailleurs, le logement représente entre le tiers et la moitié du budget des ménages. Les séparations conjugales pèsent sur le parc immobilier en nécessitant deux logements au lieu d'un seul. Le mode d'union le plus solide, le mariage, pourrait bénéficier d'aides pour accéder à la propriété.
– Une dernière proposition consisterait à accorder des avantages fiscaux aux couples mariés. Ils sont moins susceptibles de se trouver en situation de précarité et de devoir bénéficier du soutien de la collectivité. Le mariage pourrait ouvrir droit à une demi-part fiscale pour rendre compte de ce moindre coût des couples stables pour les finances publiques.

Et l'amour dans tout ça ?

Toutes ces considérations financières sont bien loin du sentiment amoureux et de ce qui se vit dans l'intime d'un « toi et moi » ! Les questions des jeunes adultes sont d'une toute autre nature. Elles tournent d'abord autour du choix de l'autre : est-ce bien lui ? Est-ce bien elle ? Comment être sûr ? Comment durer dans le temps alors que nos parents ou tant de proches ont échoué ?

Il n'est plus envisageable que le couple survive à la disparition du sentiment amoureux. On part donc à la recherche d'assurances. Le mariage est forcément un mariage d'amour ; le mariage de raison est tombé dans les oubliettes de l'histoire occidentale. C'est une bonne chose ! Mais le corollaire en est la réduction du couple à la passion amoureuse dans une vision appauvrie de la relation durable entre conjoints.

Des tentatives ubuesques ont été faites pour introduire la raison et les algorithmes dans le choix du conjoint. On connaît l'émission « Mariés au premier regard » dans laquelle des candidats sélectionnés par des batteries de tests pour estimer leur « compatibilité », se retrouvent devant Monsieur ou Madame le maire pour se marier sans s'être jamais rencontrés auparavant, le tout sous l'œil voyeur de la caméra. Les résultats ne sont pas au rendez-vous. Lors de la saison 6, en 2021, sur les sept couples mariés au cours des émissions, seulement deux l'étaient encore six mois plus tard.

Le mariage d'amour n'a pas toujours existé. Il est même relativement récent. Le Dr Yves Ferroul, médecin sexologue, agrégé et docteur ès lettres, enseignant à Lille, a publié avec la journaliste Laurence Caron-Verschave un ouvrage d'histoire intitulé *Le mariage d'amour n'a que 100 ans*[1]. Déroulant la longue histoire du couple à travers les âges, les auteurs montrent comment le sentiment amoureux est devenu la donnée centrale incontournable pour la constitution des couples.

Il s'agit sans doute d'une de ces vertus chrétiennes devenues folles dénoncées par l'écrivain anglais Gilbert Keith Chesterton : « Le monde moderne est plein d'anciennes vertus chrétiennes devenues folles. Elles sont devenues folles, parce qu'isolées l'une de l'autre et parce qu'elles vagabondent toutes seules[2]. » Le mariage d'amour et le libre choix des époux a été le long combat de l'Église au cours des siècles, autrement dit un combat contre le mariage arrangé par les familles en fonction des intérêts patrimoniaux. Si le mariage d'amour a fini par triompher à

1. Publié chez Odile Jacob en 2015.
2. Chesterton, Gilbert Keith, *Orthodoxie*, Evergreen, 2010.

l'époque moderne, il est devenu si déterminant que lorsque le sentiment amoureux s'étiole, chacun s'imagine que c'est la fin du couple et du mariage. Ce n'est bien sûr pas ce que dit l'Église. Elle ne réduit pas sa compréhension de l'amour du couple à la passion amoureuse des premiers temps de la relation. Cette passion n'est que le starter de l'amour ou l'inclination de l'amour. La passion doit s'enraciner dans un choix libre responsable et déterminé, puis grandir dans le dialogue et le compagnonnage de chaque jour.

Heureux les couples d'amoureux qui entrevoient que tout reste à bâtir lorsqu'ils démarrent leur histoire !

La rencontre

La Boutique de l'Orfèvre[1], pièce de théâtre de Karol Wojtyla, le futur pape Jean-Paul II, met en scène trois couples : Thérèse et André qui ont été séparés très tôt par la mort d'André ; Anna et Stéphane qui, eux, ont laissé s'éteindre la flamme ; et Christophe, le fils de Thérèse et André, qui est amoureux de Monique, la fille d'Anna et Stéphane. L'Orfèvre, lui, confectionne les alliances et rappelle que « le poids des alliances ne se pèse pas au poids du métal, mais au poids de l'homme. »

La culture slave, sans doute moins modelée par le mythe de la passion amoureuse qui imprègne l'imaginaire occidental, nous permet de déplacer légèrement notre angle d'observation et de réflexion sur la manière dont les couples se constituent. La pièce commence par un long monologue de Thérèse : « André m'a choisie, il a demandé ma main

1. Wojtyla, Karol, *La boutique de l'Orfèvre*, Cana-Cerf, 1979.

[…] Veux-tu être ma compagne pour la vie ? ». Cette entrée en matière et en couple apparaît comme décalée, voire dépassée ! Qui songe aujourd'hui à commencer par le choix de se marier ? C'est souvent l'étape ultime – et encore pas toujours – pour beaucoup de jeunes couples. Les jeunes adultes sont plutôt dans une dynamique inverse : « Nous nous sommes rencontrés, nous nous sommes plu, nous nous sommes mis ensemble. Quelque temps plus tard, nous nous sommes installés ensemble. Maintenant que le temps a passé, nous envisageons d'officialiser. » Voilà les grandes étapes des Rodrigue et Chimène d'aujourd'hui !

La révolution sexuelle des années 1960 a abouti à une grande foire éthique dont les femmes ont fait les frais. On se souvient de l'excellent livre de Marianne Durano, essayiste et philosophe française, *Nos corps ne vous appartiennent pas,* publié en 2018 qui montrait comment l'emprise médicale et technique sur le corps des femmes renforce la domination masculine bien plus qu'elle ne libère la femme. Plus récemment, la juriste américaine Katharine A. Mackinnon a dénoncé la notion de consentement. Cette avocate féministe a joué un rôle de premier plan dans la reconnaissance en droit international du viol comme crime de guerre. Elle a publié en 2023 un essai intitulé *Le viol redéfini, vers l'égalité, contre le consentement.* Elle y développe la thèse que le consentement n'est pas un concept pertinent en droit puisque les personnes peuvent consentir à une situation inégalitaire d'abus. Si le consentement ne figure pas dans la définition du viol en droit français, il est néanmoins l'alpha et l'oméga éthique des messages éducatifs en matière de sexualité. Le consentement est à la fois nécessaire tout en étant très insuffisant. Il réduit la réflexion et la relation à un « permis/défendu » qui se situe sur le plan comportemental en oubliant, voire en asséchant, la richesse du discernement et du choix, du sentiment amoureux, du désir et de son ambivalence, de la séduction et de l'attente, de la pudeur et du respect… bref, de l'immense gamme d'émotions, de sentiments et d'interactions qui se nouent entre un homme et une femme. La doctrine du consentement sous-entend uniquement qu'à la pulsion masculine, répond la permission ou le refus de la femme. Cette doctrine a pris une telle place que toutes les rentrées universitaires ou d'écoles supérieures voient désormais leur lot de réunions et de formations sur la question du consentement. C'est une excellente chose si elle entraîne davantage de respect mutuel. C'est plus inquiétant si nous tendons vers un puritanisme à l'américaine ! Cela étant dit, les Français ne sont sans doute pas loin de revisiter leurs pratiques et coutumes amoureuses au bout de 70 ans d'une révolution sexuelle dont on perçoit désormais clairement les failles.

Revenons à ce que disent Thérèse et André de la manière dont les choses se sont nouées entre eux :

« André : Au bout d'un certain temps, j'ai dû me rendre à l'évidence : Thérèse se trouvait bel et bien dans le champ de mon attention. Il y avait en elle quelque chose qui répondait à ma personnalité. J'étais comme obligé de m'intéresser à elle […].

Thérèse : Je ne me permettais pas de porter en moi un sentiment qui resterait sans réponse. Ce n'était pas facile ; aujourd'hui, je peux le reconnaître.

André : Au bout de quelques années, nos chemins qui divergeaient ont fini par se réunir. Ces quelques années ont été inestimables pour nous apprendre à lire la carte complexe des appels et des signes. »

Le consentement et son cortège à la fois juridique et moral sont loin de la prudence et du respect qui guident ces amoureux l'un vers l'autre. Thérèse et André pourraient revenir à la mode !

La Boutique de l'Orfèvre avait été sous-titrée par son auteur : « Méditations sur le sacrement du mariage, se transformant de temps à autre en drame ». C'est particulièrement le cas du second couple, Anna et Stéphane, pour qui une « lézarde » est apparue. L'auteur de *La Boutique de l'Orfèvre* l'interprète ainsi : « La cause du drame, il faut la chercher dans le passé. Il y a eu tout simplement erreur. Les gens se laissent emporter par un amour qu'ils croient absolu et qui n'a pas les dimensions de l'absolu. Ils sont tellement victimes de leurs illusions qu'ils ne ressentent même pas le besoin d'amarrer cet amour à l'Amour qui a ces dimensions. Ce n'est pas la passion qui les aveugle, mais le manque d'humilité envers l'amour dans son essence véritable. »

Sans doute trop de jeunes, pressés d'obtenir ce qu'ils espèrent, c'est-à-dire un amour pour la vie, s'empressent-ils de saisir un peu vite ce qu'ils entrevoient, de peur de laisser une chance échapper. Il n'y a pas de recette ou de formule magique pour trouver celui ou celle « dont le moi serait le mien », mais la prudence, le temps et le dialogue sont peut-être les meilleurs atouts.

Sans prétendre épuiser ce vaste sujet, laissons la conclusion, sous forme de question, à Karol Wojtyla : « Nous disposons tous d'une vie et d'un amour : comment les accorder en un tout ? »

⁎

ANNE

“ Nous nous sommes mariés dans les années 1980, déterminés à nous engager pour la vie. Deux ans après la naissance de notre premier enfant, Anne a fait une fausse couche. Elle est alors tombée dans la dépendance alcoolique. S'en sont suivies huit années d'addiction qui se sont achevées par une cure de désintoxication réussie.

Quelque cinq ans plus tard, l'une de ses amies l'a convaincue qu'elle n'était pas malade alcoolique puisque “tu ne bois jamais d'alcool” mais que c'était moi, son mari, qui en était responsable. Cette “gourou”, comme l'appelle Anne aujourd'hui, l'a poussée à demander le divorce. Je n'ai pas pu l'en empêcher mais j'ai continué d'espérer son retour.

Un ou deux ans après notre divorce, Anne est retombée dans l'alcoolisme. Il lui a fallu encore plusieurs années pour arriver à comprendre où l'avait entraînée cette amie et à me demander de reprendre la vie commune. Nous nous sommes alors retrouvés et Anne a réussi à devenir abstinente.

Aujourd'hui, treize années plus tard, remariés civilement et ayant fait bénir par notre curé nos retrouvailles, Anne se rend toutes les semaines aux Alcooliques anonymes. Elle est toujours abstinente, nous avons trois petits-enfants, la vie est belle ! ”

CHAPITRE 4

LA FAMILLE, QU'EST-CE QUE ÇA CHANGE ?

La famille est si souvent fustigée qu'on peut s'interroger sur son utilité. Le courant américain des « *no kids, one dog* » se développe dans les milieux citadins diplômés, tendance *woke* des grandes villes. En 2022, le sociologue Raymond Debord, s'interrogeait avec une pointe d'humour dans son essai intitulé *Faut-il en finir avec la famille*[1] *?* Les apports de la famille sont bien souvent peu visibles car de l'ordre de l'implicite.

Un implicite

Rien de plus difficile à promouvoir que les implicites, les évidences, ce que nous avons depuis toujours sous le nez, ces choses qui « sont » et puis c'est tout.

La famille fait partie de ces implicites : nous sommes nés, nous avons grandi avec, qu'elle ait été heureuse, dysfonctionnelle ou apparemment banale. Que dire à son sujet qui ne relève pas de lieux communs ou d'évidences ?

Peut-être pouvons-nous nous pencher sur son absence pour saisir en creux toute sa richesse. Le trésor qu'elle recèle nous échappe alors que nous l'avons en permanence sous les yeux. Pire ! Alors que nous l'avons sous les yeux mais que nous la regardons à travers le miroir déformant de ses défauts !

Regarder l'absence de famille, c'est-à-dire regarder un monde d'individus qui ne seraient pas reliés les uns aux

1. Debord, Raymond, *Faut-il en finir avec la famille ?*, Éditions Critiques, 2022.

autres. Des individus qui ne seraient pas confiés les uns aux autres pour entrer dans le monde, y grandir, s'y adapter et s'y déployer en sécurité pour eux-mêmes et leur propre bien. Certaines dystopies plus ou moins récentes évoquent ce type d'univers angoissant où les personnes apparaissent comme asservies par une main invisible. *Le Meilleur des mondes* d'Aldous Huxley, bien sûr, mais aussi *1984* de George Orwell viennent aussitôt à l'esprit. Dans l'ouvrage d'Huxley, la famille est évoquée comme une chose du passé qui a été supprimée. Les relations de couple monogames sont également bannies : « Tout le monde appartient à tout le monde. » La disparition de la famille va de pair avec l'effacement de l'individu, de la liberté.

Dans *1984, Big Brother* surveille la vie à l'intérieur de chaque foyer et les relations familiales sont perverties, les enfants étant élevés pour espionner et dénoncer leurs parents. La sexualité est réprimée parce qu'elle apparaît comme l'expression de l'individualité et donc de la liberté. Les deux héros, Winston et Julia, portés par leur histoire d'amour échouent cependant à renverser ce monde.

D'autres dystopies montrent des univers où l'oppression va toujours avec la disparition de la famille : on peut citer *La Servante écarlate* de Margaret Atwood, roman emblématique des courants féministes. Dans une dictature imaginaire, la fécondité des femmes a tellement décru que celles qui conservent une capacité à procréer sont mises à disposition des hommes, tout en étant privées de tous leurs droits. Elles sont chargées de procréer pour les couples infertiles.

Évoquons également *Bienvenue à Gattaca,* film d'Andrew Niccol, où l'eugénisme est pratiqué à grande échelle pour concevoir des enfants « parfaits » ; *Le Passeur* de Lois Lowry où les personnes qui ne rentrent pas dans les normes sont « élargies », c'est-à-dire euthanasiées. Les enfants, au préalable sélectionnés selon des normes, sont « distribués » à l'âge d'un an à leur cellule familiale.

Ces dystopies tentent de décrire un monde futuriste idéal mais elles comportent toutes un dévoiement de la transmission de la vie, de la liberté, de l'amour et de la famille. Elles permettent de voir par ce qui y est effacé, combien la famille est précieuse à notre monde.

Dans un autre registre, *La Route* de Cormac MacCarthy (prix Pulitzer 2007), décrit une planète dévastée par une apocalypse où errent de rares survivants. Toute notion de civilisation et d'humanité a disparu dans un univers calciné où des bandes cannibales rôdent pour leur survie. Dans cette ambiance de fin du monde, un homme et son fils tentent de survivre. Eux seuls gardent des sentiments d'humanité, d'affection et même de dévouement inconditionnel puisque le père se sacrifie peu à peu pour que *le Petit* ait une chance de survivre. La famille y est montrée comme le dernier rempart avant la barbarie.

École de l'amour

La Route montre la famille comme la communauté par excellence où apprendre à aimer. La famille est la première école de l'amour, là où on apprend, si on le veut, à se décentrer de ce « moi d'abord » tapi en chacun de nous. En effet, comment maintenir une vie de famille sans développer une capacité à se dévouer les uns pour les autres, à faire passer les proches avant soi-même ? Si les premiers temps des émois amoureux rendent cet élan comme naturel, choisir de s'aimer au long cours implique la volonté déterminée de vouloir le bien de l'autre. Ce choix posé et vécu au quotidien fait grandir la patience, l'attention, l'aptitude au partage et au service. Rude école, certains jours ! Mais cette école est bien l'aventure de toute une vie qui amène à passer du « moi tout seul » de l'enfant de deux ans au « toi d'abord » de la maturité. C'est l'enjeu de l'éducation d'aider l'enfant, puis l'adolescent, à faire cette expérience fondatrice : le don de soi est source de bonheur.

L'adolescent moulé dans un canapé avec un casque sur les oreilles et un écran sous les yeux va, un beau jour, bon gré, et bien plus souvent mal gré, sortir de lui-même. Un coup de main à un voisin, une journée passée avec son père à bricoler, la participation à un camp avec un copain peuvent lui faire découvrir qu'au-delà du canapé et des réseaux sociaux, la vie lorsqu'on la donne est la source inattendue de grandes joies !

Cette expérience est fondatrice comme moteur pour aller vers les autres, s'engager, relativiser ses petites misères et oser penser que ses rêves et ses grands idéaux de jeune ne sont pas des leurres à oublier pour entrer dans l'âge adulte ! Elle permet de s'engager dans la vie de couple et de famille avec une capacité décuplée à prendre soin des siens.

Fanfan d'Alexandre Jardin est un roman d'amour où le héros, Alexandre, décide de résister aux sentiments que lui inspire Fanfan pour prolonger indéfiniment les prémices de l'amour. L'un de ses amis, un vieil homme, l'encourage à s'engager : « Alexandre, il va falloir que tu entres dans l'âge d'homme. Je sais que la maladie du siècle c'est l'adolescence, cet âge dont on ne guérit plus. [...] L'amour, vous en êtes incapable. L'amour véritable, celui qui donne, pas celui des puceaux. [...] Ah, c'est vrai qu'en perpétuant la saison des préludes tu ne courais pas de risque. Tu te protégeais du mal. Mais le mal fait partie de la vie et on mène une existence d'invertébré si on ne l'affronte pas ! L'amour exige le risque de l'échec. C'est le prix à payer. Et la vie de couple est la seule véritable aventure de notre temps[1]. »

Beaucoup témoignent, comme Alexandre Jardin, que c'est aussi un chemin de bonheur !

Don de la vie

École de l'amour mais aussi lieu du don de la vie. Il faut encore et toujours un homme et une femme pour donner la vie. Même un enfant issu d'une PMA ou d'une GPA est conçu de l'ovule de sa mère biologique fécondé par le spermatozoïde de son père biologique. Dans l'immense majorité des cas, et c'est heureux, la vie vient de ceux qui seront le père et la mère de cet enfant pour toujours, sans dissociation entre la conception et la paternité et la maternité.

Dans les familles, toute naissance est un joyeux commencement. Promesse d'une nouvelle vie, d'un renouveau de la famille, d'un enrichissement et d'un déplacement pour chacun. Les familles sont le berceau de la vie, comme le rappelle joliment Victor Hugo :

> Lorsque l'enfant paraît, le cercle de famille
> Applaudit à grands cris.
> Son doux regard qui brille
> Fait briller tous les yeux,
> Et les plus tristes fronts, les plus souillés peut-être,
> Se dérident soudain à voir l'enfant paraître,
> Innocent et joyeux.

1. Jardin, Alexandre, *Fanfan,* Gallimard Folio, 1992.

Nous avons tous fait cette joyeuse expérience de l'arrivée d'un enfant dans une famille et de son étonnante puissance de renouvellement.

Hannah Arendt affirme que « Le miracle qui sauve le monde [...], c'est la naissance d'hommes nouveaux ». Elle ajoute que seule l'expérience de la naissance peut donner aux affaires du monde la « foi et l'espérance[1] ». Sans se détourner de son identité juive, elle reconnaît que « c'est cette espérance et cette foi dans le monde qui ont trouvé sans doute leur expression la plus succincte et la plus mémorable dans la petite phrase des évangiles qui annoncent cette "bonne nouvelle" : "Un enfant nous est né." »

En 1952, Hannah Arendt entend *Le Messie* de Haendel à un concert. Elle note le lendemain dans son *Journal* combien cette œuvre l'a touchée, en particulier l'éclatant « Alléluia » du Messie. En l'écoutant, elle a eu l'intuition que c'est vers la naissance et non vers la mort que la philosophie doit se tourner : « Chaque nouvelle naissance est comme une garantie de salut dans le monde, comme une promesse de rédemption pour ceux qui ne sont plus un commencement[2]. »

Nous vivons dans un monde extrêmement organisé, voire normé. Ce qui échappe au cadre est difficile à accepter : l'enfant, par exemple, qui vient mettre nos plans sens dessus dessous. Pourtant, grâce à la naissance de nouvelles vies, le cadre n'est pas clos, la norme n'est pas intangible, il existe une ligne de fuite, une échappée vers

1. ARENDT, Hannah, *Condition de l'homme moderne,* Paris, Calmann-Lévy, 1994 ; rééd. Paris, Pocket, 2015.

2. BIRNBAUM, Jean, *Seuls les enfants changent le monde,* Paris, Seuil, 2023.

l'horizon, cette joyeuse surprise de la naissance, ce nouveau commencement dont parle Arendt et qui, à chaque fois, renouvelle le monde !

C'est cette joie-là qui nous habite et dont chaque famille témoigne à sa manière ; c'est la famille qui offre au monde cette puissance de renouvellement.

Humanisation

La famille est non seulement le lieu de l'accueil de la vie, mais aussi celui de l'humanisation du tout-petit. Grâce à l'amour et à la parole reçus, appris et intériorisés, le petit enfant devient un être humain capable de relation. Grâce à l'affection reçue sur le long terme, il peut grandir en sécurité et appréhender le monde comme un espace à découvrir, à comprendre et à transformer. Cette humanisation passe par le langage appris sur les genoux de ses parents. Nous sommes des êtres de langage et de relation. Sans langage, nous ne pouvons pas penser ni nous comprendre nous-mêmes. Nous ne pouvons pas non plus interagir avec les autres. Le recours à la violence est inversement proportionnel à la maîtrise du langage. La grande helléniste Jacqueline de Romilly déclarait : « Apprendre à penser, à réfléchir, à être précis, à peser les termes de son discours, à échanger les concepts, à écouter l'autre, c'est être capable de dialoguer. C'est le seul moyen d'endiguer la violence effrayante qui monte autour de nous. La parole est le rempart contre la bestialité. Lorsqu'on ne sait pas, qu'on ne peut pas s'exprimer, qu'on ne manie que de vagues approximations, comme beaucoup de jeunes de nos jours, et que la parole ne suffit pas pour être entendue, qu'elle n'est pas assez élaborée parce que la pensée est confuse et embrouillée, il ne reste que les poings, les coups, la violence fruste, stupide, aveugle[1]. »

À travers la pièce et le film *Miracle en Alabama,* nous connaissons l'histoire de l'enfant sourde-muette et aveugle, Helen Keller, pour qui son éducatrice développa un langage des signes. De petite sauvageonne immaîtrisable, grâce à l'entrée dans le langage et la communication, elle devint une jeune fille puis une femme cultivée au point d'obtenir une licence de lettres et de donner des conférences sur son histoire dans le monde entier.

Le langage, la relation et l'amour transmis en famille permettent d'humaniser le cœur et les comportements de chaque nouvel être humain. Grâce au langage, chacun entre et s'agrège à la famille humaine.

Socialisation

La famille est aussi le lieu où chacun apprend à vivre avec les autres et à quitter la toute-puissance du petit enfant pour devenir peu à peu capable d'altruisme et de générosité. Ne pas utiliser l'autre pour soi, ce que font les personnalités à tendance narcissique, mais rencontrer l'autre pour lui-même : vaste défi, jamais vraiment accompli ! C'est le plus souvent dans la fratrie que les premiers échanges avec des pairs s'ébauchent. Les enfants jouent, interagissent, imaginent des scénarii, reproduisent ce qu'ils observent de la vie des adultes pour mieux l'appréhender en l'expérimentant. Miroir grossissant pour les parents, les expressions et

1. Voir l'hebdomadaire *Le Point*, 25 janvier 2007.

les jeux des enfants mettent en scène nos tics de langage ou nos habitudes familiales. En même temps, nos enfants nous rappellent à quel point nous devons veiller, en tant qu'adultes, à la cohérence, voire à l'exemplarité, de nos propos et de nos comportements. Nous jouons un rôle majeur dans l'intégration sociale de nos enfants.

L'une des premières prises de conscience de « l'autre-qui-n'est-pas-moi » se fait à travers la différence sexuelle. Chacun expérimente en lui-même une incomplétude : elle atteste que nul n'est le tout de l'humanité. Très petit, dès l'âge des premiers mots, les enfants identifient que notre humaine condition est constituée de deux visages, l'un masculin et l'autre féminin. Cette différence élémentaire est la première des distinctions. Elle constitue comme une grammaire de base pour le tout-petit qui découvre le monde. À travers cette différence primordiale vont s'organiser les autres différences. Il y a, dans la grande majorité des cas, papa et maman, les hommes et les femmes, les garçons et les filles : les unes ne sont pas les autres. Dans cette différence irréductible, il existe un espace : je ne suis pas toi et tu n'es pas moi. Dans la distance entre nous, un *je* peut exister. Cette différence permet de sortir de la fusion du « même » et laisse la place pour la connaissance et la culture.

Solidarité

Premier amortisseur social, la famille est encore le domaine de la gratuité, le lieu « sans si, ni mais », le lieu de l'amour inconditionnel. Rien ne saurait remplacer le dévouement des parents qui se lèvent trois ou quatre fois dans la nuit pour soigner leur enfant malade, ou celui des enfants devenus adultes qui accompagnent et prennent soin de leurs parents âgés et fragilisés jusqu'au bout.

La famille est la « matrice » des relations sociales idéales. Cette attention gratuite, ce dévouement, cet accueil de l'autre sans condition quelle que soit sa fragilité préfigurent ce que pourrait être une société plus humaine pour chacun. Elle est aussi la matrice de relations sociales apaisées : l'amour et le respect entre conjoints, la justice et l'affection entre frères et sœurs, la juste autorité manifestée par les parents, le service envers les plus faibles (petits, malades ou âgés), enfin, le pardon.

La famille est donc facteur d'épanouissement pour chacun et pour la société tout entière. Rappelons qu'elle préexiste à la société et que c'est un curieux retour de l'histoire lorsque la société prétend lui accorder ou lui enlever des droits. La liberté d'instruire ses propres enfants, par exemple !

Ne soyons pas idéalistes : dans une famille il y a aussi des cris, des fâcheries et des portes qui claquent ; il y a des familles blessées et des familles blessantes ! Bien sûr, mais à force de ne regarder que ce qui dysfonctionne, on en oublie de présenter les bienfaits des familles pour chacun et pour la cohésion de la société dans son ensemble : école de l'amour, accueil de la vie, humanisation, socialisation, solidarité. La famille rend possible l'avenir. Quand les familles vont bien, toute la société va mieux. Première agence de paix, elle constitue un investissement de choix pour une société juste et paisible. Avant tout engagement pour une noble cause, commençons donc par prendre soin des nôtres : c'est la paix du monde qui, à chaque fois, en ressort grandie.

*

VICTOR, FRANÇOISE, KAROL ET LES AUTRES...

« Victor a été surnommé l'Homme-siècle et, à sa mort deux millions de personnes ont suivi ses funérailles. Grand-père attentif, quelle que fut sa notoriété, il écrivait à son petit-fils Georges :

> Aie dans les veines le doux lait de ta mère et le généreux esprit de ton père ; sois bon, sois fort, sois honnête, sois juste ! Et reçois, dans le baiser de ta grand-mère, la bénédiction de ton grand-père.

Françoise est issue d'une fratrie de sept enfants. Mariée à Boris, ils ont, eux-mêmes, trois enfants. Françoise est devenue pédiatre et psychanalyste et a révolutionné la prise en charge psychologique des enfants, permettant à des dizaines de milliers d'enfants et à leurs familles de mieux communiquer et d'aller mieux. Sa résilience par rapport à sa propre jeunesse lui a permis de devenir le « médecin de l'éducation » dont elle rêvait.

Karol, étudiant en philologie, a perdu son frère Edmund, étudiant en médecine, contaminé par l'un de ses malades. Lui et leur mère, Emilia, morte trop tôt, sont des modèles d'abnégation pour le jeune Karol.

Marie, réticente à mettre ses filles qu'elle chérit, Irène et Ève, dans l'enseignement public, organise pour elles et les enfants de ses amis universitaires une coopérative d'enseignement, précurseur de l'Instruction en famille. Irène deviendra prix Nobel de chimie, marchant dans les traces de sa mère.

Jean-Paul a été surnommé *Le Magnifique*. Père pour la première fois à 21 ans, il le sera pour la quatrième fois à 70 ans. Conjoint inconstant et grand séducteur, il est cependant fier de sa tribu, ses quatre enfants et ses six petits-enfants.

Geneviève a perdu sa mère, Germaine, à l'âge de 5 ans. Elle devient très proche de son père, Xavier. Elle participera à la Résistance, sera déportée et soutenue par son oncle Charles à son retour du camp de Ravensbrück. Elle deviendra une figure de l'engagement contre la misère.

Jean, enfin, a eu l'un des plus beaux hommages posthumes, celui de sa petite-fille, Marie-Sarah : « Il a été le grand-père que tout le monde rêverait d'avoir ».

*

Nous pourrions poursuivre ces esquisses de portraits. Comme les familles de la Bible, ces personnes et leurs familles ne sont pas toutes parfaites. On aura reconnu Victor Hugo, Françoise Dolto, Karol Wojtyla – Jean-Paul II –, Marie Curie, Jean-Paul Belmondo, Geneviève de Gaulle-Anthonioz et Jean d'Ormesson. Ces hommes et ces femmes, aux trajectoires profondément différentes, ont en commun d'être très attachés à leur famille, celle dont ils sont issus, celle qu'ils ont créée, comme à un socle existentiel fondateur qui leur a donné des racines et des ailes. ”

CHAPITRE 5

ÉDUQUER, UN DÉFI

En devenant père ou mère de famille, chacun se lance avec enthousiasme, et une certaine ingénuité, reconnaissons-le, dans sa mission éducative : « Je ferai comme mes parents qui… » ou bien « Nous ne ferons pas comme mon père et ma mère pour telle et telle raison », et on se livre ainsi à un inventaire plus ou moins implicite de l'héritage éducatif reçu, que l'on ait apprécié les choix de ses parents ou que l'on cherche à s'en démarquer, avec, bien sûr, toutes les nuances entre ces deux attitudes.

Le tournant des années 2000 a idéalisé la venue des enfants : ils étaient – forcément – désirés. La vie de famille se devait d'être idyllique et les stars se faisaient régulièrement photographier avec leurs enfants et, parfois, leur nombreuse famille : lunettes de soleil, accessoires de mode et bébé dans les bras ! On se souvient du couple Angelina Jolie et Brad Pitt avec leurs six enfants souvent mis en avant dans la presse people.

L'éducation sur le mode récompense/punition apparaissait alors comme le vestige d'un lointain passé, et le mythe de la « fin de l'histoire » semblait entériner un mode de relation doux, apaisé, positif, bienveillant : les adjectifs ont alors fait florès ! La psychanalyse, qui avait contribué à explorer les sombres arcanes du psychisme depuis plus d'un siècle, était battue en brèche par la psychologie comportementaliste, dépourvue des aspérités et des tourments de l'introspection freudienne.

C'est dans ce contexte que le courant de l'éducation positive a vu le jour, semblant répondre idéalement aux besoins des parents de cette génération.

Éduquer en famille

En 2012, lors de la campagne pour les élections présidentielles, vice-présidente des AFC, j'avais rencontré des radicaux de gauche pour échanger, entre autres, sur des questions éducatives. La sénatrice qui m'avait reçue avait rapidement admis que les parents étaient les premiers éducateurs de leurs enfants. Premiers, oui, mais dans le temps ! C'est-à-dire, pour notre interlocutrice, jusqu'à l'entrée à la crèche ou en maternelle. Un peu interloquée par ma question de savoir de qui dépendaient les enfants au-delà, elle m'avait répondu tranquillement que les enfants appartenaient à l'État. Cette anecdote me semble illustrer les divergences de vue fondamentales qui coexistent entre les différentes représentations quant à la place des enfants et de leur famille.

L'Église rappelle que « les parents sont les premiers et principaux éducateurs de leurs enfants, mais pas les seuls[1] ». Il leur revient donc d'exercer avec responsabilité l'œuvre éducative, en collaboration étroite et vigilante avec les organismes civils et ecclésiaux[2] ». En quelques mots, le magistère souligne l'équilibre entre la primauté éducative des parents et la place des autres intervenants. Les parents restent les principaux éducateurs selon des modalités qui évoluent avec la croissance de l'enfant. Ils délèguent leur autorité – et donc leur confiance – à l'école et aux tiers lieux éducatifs (garderie périscolaire, sports, scoutisme, centres aérés, patronages…) lorsqu'ils confient leur enfant pour contribuer à son éducation. En contrepartie ces

1. Catéchisme de l'Église catholique n° 1653.
2. Compendium de la Doctrine sociale de l'Église, n° 240.

différents lieux sont tenus de respecter la primauté éducative et la liberté de conscience des familles et de rendre compte de ce qui se vit dans leur structure.

Instruction en famille

La famille préexiste à l'État et l'on est surpris de constater qu'il s'arroge cette primauté éducative en bridant, voire en interdisant, l'instruction en famille.

Jusqu'à l'adoption de la « loi séparatisme », le 24 août 2021, les parents avaient le choix entre l'école publique, l'école privée oul'instruction en famille (IEF). Ce dernier mode d'instruction est très encadré avec un contrôle de la mairie tous les 2 ans et un contrôle annuel de l'inspecteur d'académie qui vérifie la progression de l'élève. Il rencontre d'ailleurs un certain succès avec 62 000 enfants concernés en 2023-2024, soit 0,4 % des élèves français[1].

Mais l'IEF est aussi utilisée par des familles qui ne souhaitent pas s'intégrer dans la société et la culture françaises, d'où la volonté du législateur de réserver l'instruction en famille aux seuls enfants pour qui l'IEF est médicalement nécessaire, pratiquant des activités sportives ou artistiques de haut niveau, vivant une situation d'itinérance ou d'éloignement d'une école ou encore avec un projet éducatif particulier. La loi sur le séparatisme a fait passer l'école à la maison d'un régime de déclaration à un régime d'autorisation. Chaque année, depuis cette date, de nombreuses

1. Voir sur le site *Liberté éducation*, l'article du 20 octobre 2023 : « Une nouvelle proposition de loi pour rétablir le régime déclaratif de l'IEF ».

familles n'ont pas vu leur agrément renouvelé et ont dû cesser l'IEF pour leurs enfants, les refus pouvant concerner jusqu'à 90 % des demandes dans certaines académies. De 2021 à 2023, ce sont 11 500 enfants qui ont été privés de cette liberté. Le régime de déclaration semble désormais équivaloir à un régime d'interdiction ! On pénalise ainsi l'ensemble des familles qui instruisent elles-mêmes leurs enfants, en voulant lutter contre l'idéologie séparatiste. Cette mesure concerne en fait bien plus largement que les seules familles qui ont recours à « l'école à la maison ». Reconnaître la liberté éducative des parents signifie, pour toutes les familles, même si elles ne l'utilisent pas, que l'État admet leur primauté éducative. La Déclaration universelle des droits de l'homme l'exprime clairement en disant que « les parents ont, par priorité, le droit de choisir le genre d'éducation à donner à leurs enfants ». Restreindre la liberté d'éduquer ses propres enfants est une dérive autoritaire de l'État qui s'arroge la place de premier éducateur, celle des parents.

Les pères et mères – et eux seuls – sont les mieux à même de juger de ce qui est bon pour leur enfant à un moment donné : notamment en ce qui concerne le type d'éducation et le milieu dans lequel l'élever. Les contrôles devraient être renforcés auprès des familles identifiées comme étant « à risque » et allégés auprès des familles connues et suivies favorablement depuis plusieurs années par l'Éducation nationale, surtout si elles pratiquent un programme d'enseignement à distance. Nous devons retrouver un régime déclaratif et cette liberté fondamentale de pouvoir instruire et accompagner la croissance de ses propres enfants !

Comment éduquer ses enfants ?

Rappelons ce que nous pouvons observer à travers le réseau de plus de 20 000 familles des AFC sur tout le territoire français : les parents ne sont pas démissionnaires mais le plus souvent démunis. Les injonctions contradictoires et les dernières modes éducatives s'entrecroisent au-dessus de leurs têtes : « Pas plus d'un non par jour », « Le retour de l'autorité » (régulièrement annoncé !), « Éduquer sans crier », « Faire coopérer son enfant » etc., contribuent à la difficulté pour chacun de s'approprier des repères éducatifs solides. Par ailleurs, les familles ont moins d'enfants et se doivent de les « réussir » à tous points de vue : comportement, études et diplômes, résultats sportifs ou aptitudes artistiques.

Enfin, dans le même temps, le taux de travail des femmes est passé de 57,7 % en 2000 à 66 % en 2023[1], diminuant d'autant la disponibilité des mères auprès de leurs enfants.

La famille est vue désormais comme un refuge dans un monde difficile. Quant aux temps en famille, ils sont considérés comme devant être des temps de repos dans le cocon familial où tout est censé n'être que paix et harmonie ! La réalité, bien sûr, percute ce schéma lénifiant ! Les enfants ne sont pas sages comme des images, ne répondent pas exactement aux attentes de leurs parents et demandent du temps et de l'attention. Les petits se roulent toujours par terre, opposent des « non » vigoureux à leurs géniteurs dès l'âge de 2 ans et récidivent plus vertement encore à l'adolescence ! Le nid familial se transforme parfois en ring,

1. Chiffres consultables sur le site de l'Insee, « Emploi selon le sexe et l'âge, données annuelles de 1975 à 2023 ».

tandis que les théories éducatives volent en éclat ! Chaque père ou mère touche du doigt ses limites et découvre qu'on éduque davantage avec ce qu'on est qu'avec les idées ou les convictions qui nous animent.

Les parents qui se sont engouffrés dans la discipline positive ou dans l'éducation bienveillante comme s'ils avaient découvert un Graal éducatif ressortent le plus souvent épuisés des week-ends avec leurs bambins, jusqu'à apprécier de les déposer à l'école le lundi matin et retourner au travail. Les promesses de ce courant éducatif, sans doute à la fois assez théorique et bridé par le manque de disponibilité des parents, n'ont pas répondu aux attentes d'harmonie familiale universelle espérées.

Le temps est ressenti comme la denrée rare en matière d'éducation : comment attendre, par exemple, que le petit dernier se calme tout seul alors qu'il veut mettre dans le caddie sa marque de gâteaux préférée à grand renfort de hurlements qui font se retourner tous les clients ? Il est finalement plus simple de céder ou de marchander, surtout si le temps de courses doit tenir en 30 minutes entre le retour de la garderie périscolaire et l'heure du dîner ! Le temps est ce luxe qui, dans de nombreuses situations, permet de garder son calme et de ne pas céder. Heureux les parents qui arrivent à harmoniser leur vie familiale et leur vie professionnelle pour permettre une respiration du quotidien : la vie de famille est plus paisible, les enfants plus heureux et l'autorité plus facile à ajuster.

L'autre écueil en matière d'éducation est l'autorité. Beaucoup de parents doutent de leur légitimité à imposer des règles ou des exigences à leurs enfants, voire craignent de perdre leur amour en étant trop autoritaires. C'est sans doute oublier la différence entre l'autorité qui est au service de la croissance de l'enfant et s'exerce pour son bien, ce que l'enfant perçoit parfaitement, et l'autoritarisme, effet du narcissisme du parent qui supporte mal ce qu'il peut ressentir comme des atteintes à sa toute-puissance. L'autorité exercée de manière bienveillante cherche à protéger l'enfant et à le faire grandir dans toutes les dimensions de sa personne. Elle fait partie de la mission du parent. Elle permet, telles les berges d'un fleuve, que le jeune puisse grandir et s'élancer avec force dans la vie. L'absence d'autorité, comme l'absence de berges, laisse un marais stagnant et une vie qui a du mal à prendre son élan. L'école pâtit aussi de la perte d'autorité en famille : des enfants livrés à leur bon vouloir à la maison auront plus de peine à se plier aux règles de vie collective.

L'ÉCOLE

Les études internationales de l'OCDE, comme les études PISA (Programme international pour le suivi des acquis des élèves), le montrent à l'envi : les écoliers français ne sont pas en bonne position. PISA permet de tester tous les trois ans un panel d'élèves de troisième dans les domaines de la lecture, des sciences et des mathématiques. Chaque évaluation met l'accent sur l'une des disciplines : en 2022, la France se situait dans la moyenne des pays de l'OCDE pour ses résultats en mathématiques, mais avec une augmentation importante de la part des élèves en difficulté et une baisse de la part des élèves les plus performants. En 2018, c'est la compréhension de l'écrit qui a été principalement testée. La France se situait alors légèrement au-dessus de la moyenne des pays de l'OCDE, comme en

2009. En sciences, l'évaluation de 2015 classait la France au 20e rang sur les 35 pays évalués.

« La France est toujours l'un des pays de l'OCDE où le lien entre le statut socio-économique des élèves et la performance qu'ils obtiennent au PISA est le plus fort » ; l'OCDE nuançait sa remarque en soulignant « qu'il n'y a pas d'aggravation notable sur la période 2012-2022 ». Par ailleurs, les résultats des tests effectués en début de 6e[1] à la rentrée 2023 montraient des résultats satisfaisants pour seulement 45 % des élèves en mathématiques et pour 50 % d'entre eux en français, par rapport à ceux qui étaient attendus.

Ce n'est pas le lieu d'approfondir les causes de ces résultats médiocres mais ils objectivent ce que ressentent nombre de parents qui cherchent, s'ils en ont les moyens, à contourner la carte scolaire, pour aider leurs enfants à mieux réussir.

La question scolaire est préoccupante dans toutes les familles. Dès lors que le minimum vital est assuré, c'est-à-dire un travail, un niveau de vie décent et un toit pour les siens, la préoccupation qui suit est celle des études des enfants. Les parents sont conscients que le niveau de vie futur de leurs enfants dépend très directement de la qualité et de la réussite de leurs études d'aujourd'hui.

Les attaques récurrentes contre l'enseignement privé sous contrat, accusé d'une gestion opaque des fonds publics, cherchent à monter en épingle quelques faits anecdotiques. Elles ne peuvent masquer le fait qu'on ne redressera pas l'enseignement public en s'attaquant au

---

1. Voir sur le site du ministère de l'Éducation nationale, « Évaluations de début de sixième 2022 ».

privé. En revanche, les écoles indépendantes, qui sont davantage encadrées, se développent régulièrement. À la rentrée 2024, on compte 2 275 établissements (maternelle, primaire, collège et lycée) qui scolarisent 130 000 élèves. 80 % de ces établissements sont non confessionnels.

Les escarmouches contre la liberté d'enseignement n'illusionnent pas les familles, conscientes de la baisse de qualité du système scolaire. Ce sentiment de dégradation est évalué chaque année par le baromètre de rentrée de l'IFOP[1]. Lors de la rentrée 2023, 70 % des parents estimaient que le niveau scolaire s'était dégradé depuis une dizaine d'années.

Quelles pistes d'amélioration ?

La France s'emploie déjà, mais sans doute trop lentement, à importer les méthodes d'apprentissage éprouvées : méthode de mathématiques de Singapour, méthode syllabique d'apprentissage de la lecture, etc. Le français n'est pas un « langage » parmi d'autres, comme l'affirment certains programmes de l'Éducation nationale ; la langue française est constitutive de notre identité et permet l'accès à la culture et à la communication. L'enseignement du français devrait être amélioré en augmentant le nombre d'heures qui lui sont consacrées du CP à la 3e et non pas en diminuant celles-ci comme cela a été le cas entre 1974 et 2015, où les élèves ont perdu quelque 500 heures d'enseignement du français au cours de leur cursus scolaire !

1. Voir sur le site de l'Ifop Group, le sondage du 4 septembre 2023 : « Baromètre auprès des parents d'élèves du primaire et du secondaire : vague 2023 ».

Il serait par ailleurs nécessaire de décentraliser le système scolaire, ce qui est une autre manière de « dégraisser le mammouth », en donnant davantage d'autonomie aux rectorats, aux chefs d'établissements, aux enseignants afin de renforcer l'esprit d'initiative et non plus chercher à tout administrer depuis le ministère, rue de Grenelle. Je me souviens d'un rendez-vous avec un conseiller du ministre Vincent Peillon qui m'avait expliqué sans rire qu'ils envisageaient d'écrire un règlement interne unique pour tous les collèges de France !

La même respiration serait à instiller dans le contenu des enseignements : plutôt que des programmes écrits à la virgule près, des attendus de fin de niveaux permettraient de soutenir les initiatives et la motivation de chaque professeur. Dans le même esprit, un chèque éducation donné à chaque famille lui donnerait la liberté de choisir le mode d'éducation des enfants. Un système moins administré (le premier employeur européen est l'Éducation nationale française !) permettrait enfin de mieux rétribuer les professeurs et de gagner en attractivité.

Les Chantiers-Éducation

Les Chantiers-Éducation sont un service des AFC qui accompagne depuis plus de 30 ans les parents dans leur mission d'éducateurs. C'est aussi un observatoire de la vie des familles. Les Chantiers-Éducation ont rendu service à des milliers de parents et des dizaines de milliers d'enfants en ont bénéficié. Le principe est simple : quelques parents, jusqu'à une dizaine, se réunissent une fois par mois et partagent à partir d'une question éducative concrète : « l'accès aux écrans », « la jalousie dans la fratrie », « le moment du coucher » « le montant de l'argent de poche » etc. Chacun s'interroge, bénéficie du savoir-faire des autres familles et, à travers les échanges, prend ou reprend confiance dans ses capacités à éduquer. Personne ne s'arroge la posture du « sachant », souvent décourageante ; les interactions entre pairs permettent que chaque parent se mette « en chantier » pour considérer l'éducation de ses enfants de manière proactive et enthousiasmante !

Dans notre époque de changements rapides, l'éducation est un enjeu essentiel. Le but n'est pas tant de résister au changement que d'aider la génération montante à entrer dans le nouveau monde qui se dessine. Plus encore, il s'agit d'aider les jeunes à y prendre toute leur place et à aimer le monde en train d'advenir et qui sera le leur : vaste et passionnant défi !

*

CHRISTINE

“ Lorsque notre premier enfant est né, il pleurait beaucoup. À l'âge d'un mois, il nous réveillait plusieurs fois par nuit. Épuisée, j'avais confié à ma mère notre hâte qu'il fasse enfin ses nuits pour pouvoir nous reposer davantage. Elle m'avait répondu : “Au début, on est pressé qu'ils fassent leurs nuits, puis on attend avec impatience qu'ils se mettent à marcher et qu'ils mangent tous seuls, puis qu'ils soient propres et qu'ils aillent à l'école ; ensuite, on désire qu'ils sachent lire et écrire ; puis on rêve qu'un jour il ne sera plus nécessaire de leur faire réciter leurs tables de multiplication et qu'ils sauront, peut-être, faire leurs devoirs tous seuls… et un beau jour, sans qu'on s'en soit rendu compte, ils ont déjà quitté la maison !"

Je n'oublierai pas de le dire à mes enfants quand ils deviendront parents à leur tour. ”

CHAPITRE 6

HOMME ET FEMME, LE DÉFI ANTHROPOLOGIQUE

Dans l'histoire de notre pays, façonné par le christianisme, les chrétiens se sont toujours tenus aux avant-postes de la charité. Ils ont été attentifs et ont œuvré pour combattre ce qui leur apparaissait comme la ou les plus grandes pauvretés de leur temps.

Lorsque l'Évangile arrive en Gaule au cours du IIe siècle, les chrétiens sont une minorité au sein d'un monde romain païen qui leur est hostile. La *Lettre à Diognète*[1], écrite à cette époque, apporte un témoignage précieux sur la nouveauté et l'originalité du christianisme. Elle décrit la manière dont étaient perçus les chrétiens :

> Ils habitent les cités grecques et les cités barbares suivant le destin de chacun ; ils se conforment aux usages locaux pour les vêtements, la nourriture et le reste de l'existence, tout en manifestant les lois extraordinaires et vraiment paradoxales de leur manière de vivre. […] Ils se marient comme tout le monde, ils ont des enfants, mais ils n'abandonnent pas leurs nouveau-nés. […] Ils aiment tout le monde, et tout le monde les persécute. […] On les insulte, et ils bénissent. On les outrage, et ils honorent. Alors qu'ils font le bien, on les punit comme des malfaiteurs.

Pour l'auteur (inconnu) de cette lettre, si les premiers chrétiens ressemblent à *Monsieur Toutlemonde*, ce qui les singularise, c'est leur mode de vie. Des gens qui répondent au mal par le bien ! C'est évidemment à rebours de la culture dominante. L'histoire observe que la progression du christianisme va aller de pair avec le développement

---

1. Voir le site *The Holy See*, « Les chrétiens dans le monde », *De la Lettre à Diognète*, nn. 5-6 (Funk, 1, 317-321).

des œuvres de charité. D'abord des hospices, souvent liés aux monastères, pour soigner les miséreux, c'est-à-dire les malades, les vieux, les estropiés, les orphelins en un temps où n'existent ni système de santé, ni sécurité sociale. Puis l'Église entreprend de faire reculer l'ignorance en développant les écoles puis l'université, dans un rôle à la fois culturel et social. Avec l'état moderne, ces rôles refluent progressivement tout en se recomposant. L'ouvrage de Jean-François Chemain : *Ces idées chrétiennes qui ont bouleversé le monde*[1], montre comment le christianisme a ensemencé notre modernité au-delà de sa perte d'influence formelle.

La famille, lieu de plus grande pauvreté

Quels sont ces fronts de grande pauvreté de notre temps sur lesquels il serait nécessaire que les chrétiens s'investissent ? Il me semble, qu'en France, la famille est l'un de ces lieux. La famille est la communauté dont chacun de nous attend le plus. Nous la considérons comme un refuge dans une époque troublée, difficile. Nous lui demandons de nous protéger, de combler nos attentes affectives, d'être un cocon paisible et sécurisant. Malheureusement, c'est aussi le lieu du jetable ou de la « culture du déchet », si souvent évoquée par le pape François. Dans un couple, chacun peut être « jeté » par son conjoint et toutes les lois, depuis celle de 1975 sur le divorce par consentement mutuel, ont concouru à une facilitation des séparations conjugales. Depuis cette même année, chaque enfant ne vient au monde

1. Chemain, Jean-François, *Ces idées chrétiennes qui ont bouleversé le monde*, Artège, mai 2023.

que parce qu'il a été désiré. L'avortement est passé de la dépénalisation, avec la loi Veil, à un droit constitutionnel de la République française en 2024 avec, entre-temps, de multiples élargissements successifs. L'embryon est, lui, traité comme un produit de laboratoire, ainsi que les débats de la dernière révision de la loi de bioéthique (2019-2021) l'ont montré. Tout en interdisant la Gestation par autrui (GPA) sur son sol, la France accepte depuis 2013 de fermer les yeux sur le marché mondial de la procréation en accordant sans sourcilier un certificat de nationalité aux enfants nés de GPA à l'étranger.

Dernière transgression dans cette liste funeste pour les familles, l'euthanasie et le suicide assisté qui voudraient permettre d'aller encore plus loin dans la culture du jetable alors que les exemples des pays étrangers montrent que les conditions d'accès à ce type de loi dérivent sans cesse. Au bout de quelques années après la légalisation de l'euthanasie ou du suicide assisté, la Belgique et le Canada, en ont ouvert l'accès aux mineurs, aux personnes atteintes de démence ou de polypathologies. Ces mesures encouragent l'auto-effacement des personnes pauvres, dépressives et isolées. En France, la discussion du projet de loi qui a eu lieu au cours des mois de mai et juin 2024 avant d'être interrompue par la dissolution de l'Assemblée nationale le 9 juin, a infléchi davantage le projet transgressif initial. Le 6 juin, un amendement en séance a inclus les « souffrances psychiques » dans les conditions d'accès à l'aide à mourir et ouvert grand la porte à l'euthanasie et au suicide assisté à toutes les personnes malades ou handicapées, quel que soit leur état de santé.

Ruptures conjugales, avortements, morts provoquées, développement de la GPA témoignent de la perte du sens de la personne humaine. Le cardinal Pietro Parolin, Secrétaire d'État du Vatican, nous déclarait lors d'une rencontre avec les responsables des AFC le 9 novembre 2023 :

> Les tristes événements d'une grande violence que notre monde vit ces dernières décennies mettent en lumière un « ensauvagement » – ce terme est employé par des hommes politiques, des journalistes et des chroniqueurs français – un « ensauvagement » de la société assez effrayant. Je trouve que ce terme, quoique pouvant choquer ou créer de l'indignation, est bien choisi car il interroge. Serait-il possible, après 2 000 ans de progrès civilisationnels en Europe, dus en majeure partie à l'enracinement du christianisme, que nos sociétés redeviennent « sauvages » ? Et il ne s'agit pas seulement de comportements individuels, puisque, sur le plan des institutions, les lois bafouant la dignité de la personne et la vie humaine sont toujours plus nombreuses, marquant un naufrage de civilisation sans précédent : hier l'avortement, aujourd'hui la PMA et la théorie du genre, demain l'euthanasie…

La famille est bien l'un de ces avant-postes qui attendent les femmes et les hommes de bonne volonté pour prendre soin de l'humanité à travers sa communauté primordiale. Le cardinal Parolin a complété son propos en invitant chacun à l'engagement et au courage…

Une hérésie anthropologique

Tout se passe comme si notre temps, pour avoir en partie abandonné la foi chrétienne, ne parvenait plus à accéder à la vérité sur l'homme – homme et femme. Si les études de genre ont permis de mieux approcher la place de chaque sexe dans la société et dans l'histoire, elles ont aussi contribué à théoriser une indifférenciation entre les sexes. Le sexe renvoyant à la réalité biologique, le genre au vécu comportemental et social.

Dans une perspective de genre, être de sexe masculin ou féminin ne serait pas plus signifiant pour la personne que d'avoir les yeux marrons ou les cheveux frisés. Le sexe ne permettrait même plus de dire que la personne est un homme ou une femme. Le lexique trans du Planning familial[1] est emblématique de ce nouveau prêt à penser : « Mâle/Femelle : Utilisés surtout pour étudier la reproduction sexuée chez diverses espèces, il convient de ne pas les employer pour caractériser nos congénères humains. Ces termes binaires ne reflètent pas la variété de nos corps et de nos vécus. Le sexe est un construit social. Un pénis est un pénis, pas un organe sexuel mâle. »

Cette idéologie est devenue une religion avec son catéchisme et son credo, son vocabulaire, ses adeptes, ses gourous et ses anathèmes. L'auteur de *Harry Potter*, J.K. Rowling, est vouée aux gémonies pour avoir osé dire qu'une personne avec des règles est une femme !

Tout cela pourrait prêter à sourire, en attendant la prochaine mode ubuesque, si tant de jeunes qui grandissent baignés dans cette culture n'en venaient à ne plus se comprendre eux-mêmes et à remettre en cause leur identité. L'anthropologie du genre est désormais omniprésente dans les programmes de l'éducation nationale, dans la littérature, le cinéma, la publicité, les réseaux sociaux, l'univers des influenceurs et... la bien-pensance commune. Les transitionneurs qui ont changé de genre à la suite d'un diagnostic de « dysphorie de genre » apparaissent comme

1. Voir sur le site du planning Familial, le pdf du Lexique Trans.

les nouveaux héros de la post-modernité sur Instagram ou TikTok, réseaux abondamment consultés par les enfants et les jeunes ados loin des yeux de leurs parents.

Les pays nordiques ont déjà réagi et interdisent désormais les transitions de genre aux mineurs. En Grande Bretagne, le *National Health Service* (le système de santé britannique) prévoit de modifier le document de présentation de ses principes en y définissant le sexe comme étant « le sexe biologique ». Une petite révolution ! La France, influencée plus tardivement, tarde à prendre la mesure de ce fléau et à engager les mesures vigoureuses qui s'imposeraient pour les mineurs.

Pour le genre, chacun est considéré comme un individu avec un corps et des comportements qui n'ont pas de lien ensemble. L'homme et la femme ne sont pas vus comme complémentaires. Ils sont plutôt envisagés comme en compétition l'un avec l'autre. La paternité et la maternité sont réduites à des rôles interchangeables. En d'autres termes, la lecture du genre promeut une indifférenciation et ne permet plus d'accéder au sens profond du corps sexué.

Pour l'anthropologie chrétienne, chacun est corps, psychisme et esprit dans une grande unité. Chacun est considéré comme une personne avec une dignité infinie et une vocation unique dont la paternité et la maternité font partie. Le sexe reçu à la conception et dévoilé à la naissance est constitutif de la personne. Homme et femme sont appelés à la communion l'un avec l'autre.

La philosophe et journaliste Aziliz Le Corre, rappelle que cette différence primordiale s'origine dans le corps sexué : « Être femme, c'est avoir la capacité d'engendrer dans son propre corps. Quand l'homme engendre dans le corps d'autrui[1]. »

Les deux manières de comprendre la personne, anthropologie du genre ou anthropologie chrétienne, ne sont pas conciliables. L'anthropologie du genre s'apparente à une espèce de gnose sur la personne humaine, une hérésie. Ce dévoiement radical nous invite à renouveler avec conviction et intelligence la manière de transmettre la vérité sur l'homme et la femme, ainsi que sur le couple humain. Cette vérité doit être perçue comme attrayante, désirable et riche de sens, et doit être portée par des hommes et des femmes qui ne se contentent pas de répéter des leçons, mais qui les incarnent.

Notre monde occidental est désormais influencé par cette grille de lecture de la personne, promue et développée par de nombreux travaux académiques. Cet environnement appelle les familles à des efforts particuliers de transmission et d'éducation. L'anthropologie issue de la culture chrétienne tend à devenir minoritaire. En une génération, la nôtre, les catholiques sont passés de catégorie majoritaire imposant implicitement son cadre de pensée à une catégorie minoritaire épinglée par la crise des abus et priée de raser les murs. Les familles chrétiennes doivent donc rapidement s'adapter à un nouvel environnement. Quelles écoles ? Quels lieux de transmission de la foi ? Quels tiers lieux éducatifs ? Quels espaces de socialisation ? Comment transmettre la foi et les modes de vie qui en découlent sans céder à la tentation du repli communautaire ? Comment ne pas chercher à remonter le temps et transmettre à ses enfants un avenir plutôt qu'un passé ?

---

1. Le Corre, Aziliz, *L'enfant est l'avenir de l'homme*, Éditions Albin Michel, 2024.

Toutes ces questions se posent aux parents chrétiens. Elles n'ont pas de réponse univoque. Elles demandent une réadaptation permanente dans un monde en changement rapide. Les réseaux d'entraide et de soutien entre familles n'ont jamais été aussi nécessaires !

Un long chemin

Simone de Beauvoir écrivait : « On ne naît pas femme, on le devient », dans *Le deuxième sexe*. Elle n'avait pas tout à fait tort. L'aphorisme a juste besoin d'être complété : on naît petite fille et on devient femme ; ou on naît petit garçon et on devient homme. L'inné inscrit dans le corps indique l'acquis à conquérir au fil de la croissance psychologique et affective jusqu'à l'âge adulte. Un long travail psychique est à entreprendre par chacun.

C'est un processus qui occupe la première vingtaine d'années avec l'étape charnière de la puberté. Chacun peut se souvenir de sa propre histoire et des étapes parfois difficiles qu'il a fallu traverser. L'enfant, puis l'adolescent passent tous deux par nombre de questionnements, de doutes, de rencontres ou d'échanges éclairants, parfois de retours en arrière avant de se sentir pleinement épanoui dans son corps, son cœur et son intelligence d'homme ou de femme.

Le tout-petit, dès l'âge de la parole, vers 2 ans, est capable d'identifier qui, dans son entourage, est femme, comme sa mère, ou homme, comme son père. De nombreuses études expérimentales[1] montrent que vers 6 à

1. Voir l'ouvrage du Pr René Ecochard. *Homme, femme… Ce que nous disent les neurosciences*, Artège, février 2022.

8 mois, le bébé est déjà capable de différencier les voix et les visages masculins et féminins. Cette différence est comme une grammaire de base à partir de laquelle s'ordonne le monde autour du petit enfant. Tout n'est pas similaire parce qu'il y a le masculin et le féminin. Ce duo d'origine lui permet de séparer et de différencier. Intégrer cette différence primordiale lui permet d'entrer dans la compréhension des personnes, des relations, du monde et donc d'entrer dans la culture. Cette différence de base est fondatrice de toutes les relations d'altérité : tout n'est pas réductible au « moi ». La philosophe Sylviane Agacinski la qualifie « d'irréductibilité du masculin au féminin[1] ».

Le long chemin d'unification entre l'inné (le corps sexué reçu) et l'acquis (l'homme ou la femme que l'on est appelé à devenir) se construit dans la ressemblance et la différence avec les deux parents de sexe différent et avec toutes les nuances rendues possibles par cette double polarité. C'est dans le « comme » et le « pas comme » papa ou maman (ou leurs substituts quand l'un des parents n'est pas là) que se jouent les choses et que l'enfant peut s'ancrer paisiblement dans cette partie de l'humanité qui est la sienne depuis sa conception. Chaque fois que la fille est renforcée dans son identité sexuée, elle est aidée à construire la femme en devenir en elle : « Je vois que tu aimes bricoler comme ta maman », par exemple. Ou, pour le garçon : « Tu es doué pour la cuisine comme ton papa ». J'emploie à dessein des exemples non marqués par ce que l'on dénonce comme des *stéréotypes de genre*. Le plus important n'est pas le talent qui est mis en valeur mais le mot « comme » qui le rapproche du parent de même sexe. Chaque fois que l'enfant

1. AGACINSKI, Sylviane, *L'homme désincarné – Du corps charnel au corps fabriqué*, Gallimard, Collection Tracts, juin 2019.

ou l'adolescent est confirmé dans son sexe biologique, il grandit paisiblement vers la maturité à laquelle il est appelé.

A contrario, les messages qui véhiculent l'indifférenciation ou le doute créent une inquiétude existentielle. Entendre, en pleine interrogation sur son identité, que rien n'est défini, que tout peut se choisir et qu'il faut tout essayer est non seulement une démission éducative coupable de la part de la génération précédente, mais aussi un message nuisible en direction des plus jeunes.

Au-delà des messages explicites, et avec bien plus d'impact encore, les choses se jouent dans la relation parent-enfant. Les parents espéraient-ils un enfant de ce sexe-là ? Sont-ils plus à l'aise avec un garçon ou avec une fille ? L'enfant leur renvoie-t-il un ressenti positif ou ravive-t-il une souffrance passée ? Tous ces éléments conditionnent le regard porté par le père et la mère sur leur fils ou leur fille. Celui-ci ou celle-ci peut ressentir qu'il ne comble pas ses parents et que ceux-ci auraient préféré un enfant de l'autre sexe. Il peut alors peiner à s'accepter avec celui qu'il a reçu à la naissance. Ce qui était autrefois une difficulté à surmonter au cours de la croissance vers l'âge adulte est devenu, avec les possibilités ouvertes par les transitions de genre, une épidémie de diagnostics de *dysphorie de genre*. On oriente les jeunes vers des traitements hormonaux et chirurgicaux alors qu'il est question de résoudre des difficultés psychiques ! Il y a urgence à ce que la France prenne conscience de ces enjeux et adopte la prudence de la Grande-Bretagne et des pays nordiques[1] !

1. Pour aller plus loin sur cette question, se reporter à l'ouvrage du pédopsychiatre Christian FLAVIGNY, *Comprendre le phénomène transgenre : la réponse par la culture française*, Éditions Ellipses, 2023.

Le rôle éducatif des parents

S'il faut « tout un village pour éduquer un enfant », comme l'affirme le proverbe africain, force est de constater que le village a quasiment disparu et que les parents sont bien seuls pour l'éducation. Plutôt que de dénoncer toutes leurs errances actuelles, il me semble préférable de les encourager, eux, les premiers et principaux éducateurs de leurs enfants.

Un rôle primordial

Les parents ont un rôle primordial et peuvent avoir confiance dans leurs capacités éducatives ainsi que dans leur légitimité à transmettre à leurs enfants ce qui est bon pour eux. Cette éducation commence dès la prime enfance : l'apprentissage de la propreté, puis de la pudeur et du respect des autres constituent une base solide. Mais aussi et surtout l'amour, l'attention, le respect qui règnent entre les parents et dans la famille. Tout cela crée un climat dans lequel baigne le petit enfant qui le reçoit comme une éponge.

La plupart des parents expliquent comment viennent les bébés : la graine du papa, le gros ventre de la maman, la joie de la naissance 9 mois plus tard… Ces explications sont excellentes et donnent de bonnes bases pour la suite, tout en ouvrant le dialogue en famille sur ces questions. L'enfant sait que ce n'est pas un tabou, il ne rencontre pas un silence gêné mais des efforts bienveillants pour lui répondre le mieux possible.

Leurs questions sont assez proches d'un enfant à l'autre : « Qu'est-ce que vous auriez dit si j'avais été une fille ? Comment vous m'auriez appelé ? » ou « Comment vous avez su que j'étais un garçon ? » C'est l'occasion de confirmer les enfants dans le bien-fondé de leur arrivée au monde et de leur sexe, en particulier. Sans poser directement les questions, ils attendent l'assurance d'être aimés inconditionnellement par leurs parents : « Tu ne peux pas savoir comme nous avons été heureux d'apprendre que nous attendions une fille. » « Nous rêvions d'avoir un garçon comme toi, c'est évident ! » Les mêmes messages sont donnés aux enfants adoptés pour qui ces réponses sont essentielles.

Pour le petit garçon qui demande : « Et si j'avais été une fille ? » La réponse ne peut être que : « Impossible, ça n'aurait pas été toi mais quelqu'un d'autre ! C'est bien toi qu'on aime et pas quelqu'un d'autre qu'on ne connaît pas ! »

Ces petits échanges en famille sont source de cohérence et de paix pour l'enfant qui les reçoit.

Être contenant

Le psychiatre Winicott a décrit la notion de « contenance » à propos du « *holding* », c'est-à-dire la manière dont les parents ou les soignants portent le bébé. Il me semble que cette notion de contenance s'applique aussi aux émotions et à ce que vit l'enfant. Les parents ont à être « contenants » vis-à-vis des émotions de leurs enfants : il s'agit de les aider à nommer leurs ressentis et à leur donner une juste place. L'expression des émotions est très à la mode dans le domaine éducatif. Mais les exprimer ne suffit pas ! Les ressentis doivent être passés au crible de l'intelligence et de la volonté. Certaines pensées sont de l'ordre du fantasme et doivent rester à leur juste place. On peut rêver être une femme, comme le chantait Sardou, mais c'est une fantaisie qui fait partie de la vie imaginaire :

> J'ai imaginé sans complexe,
> Qu'un matin je changeais de sexe,
> Que je vivais l'étrange drame,
> D'être une femme…

Le corps

Que disons-nous du corps dans notre famille ? Disons-nous plus volontiers « J'ai un corps » ou bien « Mon corps, c'est moi » ? Quelle juste place entre respect, admiration de son fonctionnement, délicatesse du mystère des corps sexués, éducation à la pudeur ?

Beaucoup de messages passent à travers l'apprentissage de l'hygiène et de l'autonomie du tout-petit mais aussi au cours des repas, dans le rapport à la santé, à la consommation de médicaments, à l'alimentation, au respect des rythmes physiologiques naturels dans la famille… Tout cela se vit au fil du quotidien, souvent de manière réflexe et forme le rapport des enfants à leur propre corps.

Le corps n'est pas notre profil ou notre vitrine mais d'abord le lieu de la relation et du don de soi avec l'immense gamme qui va du simple geste de salut, à la poignée de main en passant par la bise, le câlin et jusqu'à l'union sexuelle. Pour chacun de ces gestes, le corps reflète, traduit, incarne ce qu'est la relation entre les personnes : de vague connaissance saluée de loin, à l'exclusivité du don de soi-même dans l'union sexuelle. Les jeunes ont besoin que le sens du corps et de la sexualité leur soit transmis par la génération précédente.

Éduquer à l'amour

L'éducation affective, relationnelle et sexuelle (EARS) ne sert pas d'abord à protéger les enfants et les jeunes du porno, du genre, de la culture de mort ou des infections sexuellement transmissibles, mais elle sert avant tout à tracer devant eux un chemin de bonheur pour la réussite de leur vie de couple et de famille future. Il y a un bel horizon à tracer devant les enfants et pas seulement des embûches à éviter ! L'objectif est ici de *faire des vertébrés et non des crustacés* : le mollusque a un exosquelette plutôt rassurant qui le protège des agressions extérieures, mais lors de la mue, il se trouve en situation de grande fragilité… au risque d'être croqué par le premier prédateur qui passe ! Le vertébré, lui, a une colonne vertébrale, il n'est pas protégé et risque d'être confronté à des situations difficiles. Néanmoins, il a en lui-même les ressources pour faire face aux aléas de la vie. Les parents ne peuvent pas multiplier les garde-fous (contrôles parentaux, surveillance, encadrement…) Ceux-ci seront un jour ou l'autre débordés par les contacts avec les autres jeunes ou la simple curiosité de l'adolescent. Mieux vaut faire le pari de la confiance et former les jeunes à évoluer dans le monde en sachant se protéger par eux-mêmes.

Il faudra leur parler plutôt trop tôt que trop tard – et trop tard que jamais ! C'est la responsabilité des parents. Lorsqu'ils transmettent pour la première fois les bases de l'éducation sexuelle, c'est la parole de papa ou de maman qui devient le socle de référence, et non celle des influenceurs sur les réseaux sociaux, des vidéos pornographiques ou des histoires louches de la cour de récréation.

Cet apprentissage passe par la découverte de la pudeur qui, en famille, permet de séparer clairement les sexes et les générations, sans risque de confusion. Il passe aussi par une éducation différenciée des garçons et des filles pour que chacun grandisse en étant heureux et fier d'être l'un ou l'autre, sans confusion possible.

L'enfance et l'adolescence passent vite : ce sont des périodes précieuses de formation et de croissance. La génération des parents porte une grande responsabilité dans le contexte actuel. Il leur faut transmettre ce qui correspond presque à une contre-culture. Ce sont des clés pour le bonheur futur de leurs enfants. Elles nécessitent le courage d'aller à contre-courant en tenant ensemble, d'une main ferme, amour et vérité !

✶

ANTOINE

“ Je suis administrateur à la Caisse d'Allocations Familiales de mon département. Au cours d'un conseil d'administration, on nous a présenté un projet destiné aux jeunes de 11 à 18 ans pour une commune d'un peu plus de 50 000 habitants. Il s'agissait d'allouer une subvention pour des activités sportives.

Au cours de la présentation, un constat a été fait : autant les garçons peuvent être sollicités et intéressés par des activités sportives, autant les filles s'y intéressent assez peu.

L'adjointe de la directrice de la CAF a reconnu « qu'une fille, ce n'est pas un garçon » et que « le foot, ça attire moins les filles » ! L'ensemble du conseil d'administration témoignait, dans les échanges qui ont suivi, que les filles étaient davantage attirées par des activités suscitant des interactions, de l'échange sur un mode personnel, voire intime, des discussions, une ambiance posée par rapport aux attentes des garçons. Or, la charte de la laïcité à laquelle adhèrent tous les organismes publics comme la CAF stipule que « la laïcité garantit l'égalité entre les filles et les garçons ». Nous ne pouvions donc pas valider le financement d'une activité fréquentée à 90 % par des garçons ! À la prochaine réunion, nous proposerons en complément des activités plus appréciées par les filles. Le réel contredit parfois la réglementation ! ”

CHAPITRE 7

CONCILIER LA VIE FAMILIALE ET LA VIE PROFESSIONNELLE

Il y a quelques années, alors que je travaillais pour la Protection maternelle et infantile (PMI) du Val-de-Marne, j'assurais quelques vacations en crèche. L'une des auxiliaires de puériculture venait d'avoir un bébé. À la reprise du travail, elle l'avait confié à une nourrice et avait repris son poste à la crèche. Cette auxiliaire de puériculture, qui appréciait jusqu'alors son travail auprès des tout-petits, ne comprenait plus le sens de ses journées alors qu'elle laissait chaque matin son bébé en garde pour s'occuper de ceux des autres.

Cette anecdote résume l'un des aspects de l'évolution de la famille au cours des cinquante dernières années : l'externalisation des fonctions intrafamiliales sous la poussée du travail des femmes. Peu à peu, nombre de tâches assumées en famille ont été déléguées à l'extérieur du cercle familial : l'éducation, l'alimentation, la solidarité entre les générations.

L'ÉDUCATION

La question du mode de garde des jeunes enfants est un « verrou » crucial pour décider d'accueillir un enfant. En cinquante ans, les organisations des familles ont été bouleversées : on le constate en comparant le nombre de places de garde d'aujourd'hui à celles qui existaient en 1975, il y a 50 ans. En 2021, l'offre d'accueil total incluant les assistantes maternelles, les établissements d'accueil du jeune enfant (EAJE), les gardes à domicile et les écoles – pour les enfants de moins de 3 ans – était estimée à 1,3 million de places[1]. En 1975, les parents français disposaient de 58 000[2] places d'accueil, tous modes de garde confondus.

Ces deux statistiques permettent d'évaluer dans quelle mesure la garde des plus petits a peu à peu quitté la sphère familiale pour être déléguée à des modes de garde extérieurs (nourrices, crèches, toutes petites sections de maternelle), alors que le nombre de femmes travaillant à temps plein augmentait.

Mais au-delà des premières années de leurs enfants, de plus en plus de parents disposent de trop peu de temps en famille. Leur temps est pris par le travail, la place envahissante des écrans. Le temps familial est alors davantage vu comme un temps où se ressourcer au sein du nid familial, c'est-à-dire un moment d'interactions gratifiantes, de loisirs, de repos.

Lorsqu'on pose la question à une intelligence artificielle : « Pourquoi est-ce utile de passer du temps en famille ? », voici la réponse que l'on obtient :

> Passer du temps en famille est essentiel pour renforcer les liens affectifs et maintenir une bonne cohésion familiale. C'est également l'occasion de partager des moments de complicité, de rire et d'échanger sur nos vies respectives. Voici quelques raisons pour lesquelles il est important de passer du temps avec sa famille :

---

1. Chiffres consultables sur le site de l'Unccas (Union nationale des centres communaux d'action sociale), article du 18 janvier 2024, « Accueil des jeunes enfants : les chiffres du rapport 2023 de l'Observatoire national de la petite enfance ».

2. Voir l'article de Xavier Weeger dans *Le Monde*, « Le gouvernement envisage une aide accrue aux familles nombreuses Les crèches : un choix politique », publié le 31 décembre 1975.

– Cohésion familiale : les activités en famille permettent de partager des moments authentiques et précieux, renforçant ainsi les liens entre les membres de la famille.

– Développement des compétences sociales et émotionnelles : passer du temps ensemble aide à grandir en famille, à mieux se connaître et à comprendre la personnalité de chacun.

– Création de souvenirs inoubliables : la famille crée des moments magiques qui resteront gravés dans nos mémoires.

– Soutien mutuel : votre famille est toujours là pour vous, prête à vous soutenir contre vents et marées. Prendre du temps avec elle renforce ce lien et crée un sentiment de loyauté et de soutien.

En somme, partager des moments en famille va bien au-delà de la simple présence physique. Cela permet de partager des idées, des valeurs et des émotions communes, renforçant ainsi le lien familial

On cherche vainement la mention de la dimension éducative de la famille ! Autrement dit, si l'on en croit cette réponse de l'intelligence artificielle, il s'agit plutôt d'un temps festif de réassurance émotionnelle mutuelle, à parité entre les différents membres de la famille, sans que les places ou les rôles de chacun aient une importance notable.

L'éducation est dévolue à d'autres acteurs : l'école, le centre aéré, le club sportif, le scoutisme, par exemple. Le sociologue Paul Yonnet[1] décrivait déjà il y a 20 ans les transformations de la famille qui devenait pour lui le camp de base ou la « cellule vitale de l'individu ». Cette vision qui s'écarte de celle de la famille « cellule de base de la société » apparaît comme une tendance forte en matière d'éducation.

1. YONNET, Paul, *Le recul de la mort ; l'avènement de l'individu contemporain,* Éditions Gallimard, 2006.

L'ALIMENTATION

Ce n'est pas seulement la garde ou l'éducation des enfants qui sont concernées par cette externalisation. Les repas familiaux n'échappent pas à la délégation. Qu'il s'agisse de se faire livrer ses achats ou de commander des plats tout préparés, de plus en plus de foyers évitent la répétition des courses, de la cuisine et même de la vaisselle pour se faire servir par des livreurs. La plupart des grandes chaînes de distribution disposent désormais de services de *drive* qui permettent de commander les achats du quotidien sur Internet, puis de venir les récupérer, s'épargnant ainsi la corvée de remplissage du caddie. Leclerc, Carrefour et Auchan, l'initiateur du concept, sont les leaders de ce service en plein développement[1]. Mieux que le *drive*, la livraison à domicile permet d'éviter le déplacement au supermarché. Là aussi, la plupart des enseignes de la grande distribution disposent de ce service. Conçus comme une réponse temporaire lors de l'épidémie de Covid, ils ont perduré et sont désormais en pleine croissance : entre le premier trimestre 2019 et le premier trimestre 2023, l'e-commerce alimentaire[2] a connu une croissance de 89 % en volume !

Enfin, les plats préparés sont aussi plébiscités par les Français. Les livreurs de pizzas ne sont plus seuls sur ce créneau. Nous sommes désormais habitués à voir les rues de nos villes sillonnées par les livreurs *Deliveroo*, *Uber*

---

1. Voir l'article de Jérémy Docteur sur le site Capital : « Leclerc, Carrefour, Auchan… Quels sont les drives qui marchent le mieux ? » publié le 19 janvier 2022.

2. Chiffres consultables sur le site Shopopop, « L'évolution du marché de la livraison à domicile en France ».

Eats, Just Eat ou *Frichti*. Les deux premiers à eux seuls employaient 87 000 livreurs[1] en 2023.

Préparer et cuisiner les repas de sa famille, occupations traditionnelles, sont peu à peu délégués à la grande distribution et aux services de restauration qui prennent une partie substantielle de ces tâches. Les utilisateurs de ces services invoquent le gain de temps, le fait d'éviter du stress, de ne pas se donner le mal de faire des courses ou de passer du temps en cuisine.

La solidarité entre les générations

Autre secteur important de la vie des familles : la solidarité entre les générations. L'espérance de vie ayant augmenté et les enfants étant conçus plus tard, on parle désormais de la « génération sandwich », cette génération qui s'occupe à la fois de ses enfants et de ses parents âgés. L'expression a été inventée par les démographes anglo-saxons pour désigner les quadragénaires et quinquagénaires ayant encore des enfants à charge et contraints de s'occuper en même temps de leurs parents dépendants. D'après les chiffres de la DREES[2] en 2021, 9,3 millions de Français aidaient un parent au quotidien, qu'il soit en situation de handicap ou de perte d'autonomie. Cette aide informelle, fournie par la famille, est à la fois plus

---

1. Voir l'article de Juliette Oriot pour Ouest France : « Quel avenir pour les livreurs des plateformes numériques en France ? » publié le 22 juin 2023.

2. Chiffres consultables sur le site de la Dress, cf. l'article de Thomas Blavet : « 9,3 millions de personnes déclarent apporter une aide régulière à un proche en situation de handicap ou de perte d'autonomie en 2021 » publié le 2 février 2023.

fréquente, plus intense et plus variée que l'aide formelle des structures professionnelles d'aide à la personne[1] : elle représenterait environ 975 000 équivalents temps pleins.

Néanmoins, l'investissement informel des enfants tend à décliner du fait de quatre évolutions principales[2] dans les familles :

- Les personnes âgées vivent en couple plus longtemps (rapprochement de l'espérance de vie des hommes et des femmes) et veillent ainsi plus longtemps l'une sur l'autre sans solliciter l'aide de leurs enfants ;
- La participation accrue des femmes au marché du travail leur laisse moins de temps pour s'investir auprès de leurs parents, d'autant que ce sont souvent elles, davantage que leurs frères, qui sont impliquées dans la dimension du soin ;
- La taille des fratries diminuant, le poids de la prise en charge est plus lourd pour chacun, pouvant entraîner plus rapidement une prise en charge de la personne âgée en EHPAD ;
- Enfin, l'éloignement géographique accru des parents et des enfants rend moins possible l'implication de ces derniers.

Les professionnels du secteur anticipent donc plutôt une moindre implication des familles pour assurer l'aide

1. FONTAINE, Roméo, *Le soutien familial aux personnes âgées dépendantes. Analyses microéconométriques des comportements individuels et familiaux de prise en charge*, 2011, PhD. Thesis. Université Paris-Dauphine.

2. FONTAINE, Roméo et ARNAULT, Louis, *Vers une diminution programmée de l'aide familiale aux personnes âgées en perte d'autonomie ?* Rapport d'étude n° 11 pour la Fondation Médéric-Alzheimer, 2016.

informelle de la solidarité intergénérationnelle. Le fort développement des services d'aide à la personne témoigne de l'augmentation du nombre de personnes âgées dépendantes : les besoins en aides ménagères et auxiliaires de vie devraient augmenter de 20 % d'ici 10 ans et de 60 % d'ici 30 ans[1].

Dans ces trois exemples de l'externalisation d'activités traditionnelles de la famille, l'éducation, l'alimentation, la solidarité entre les générations, on retrouve l'impact de l'augmentation du travail féminin, en forte croissance et presque de même niveau que le travail masculin.

Le travail des femmes

En 1931, le travail masculin hors du cadre familial avoisinait les 100 % et le travail des femmes s'élevait à 50 %, les femmes représentaient alors le tiers de la population active. En 2016, 75 % des Français étaient au travail pour 68 % des Françaises. Les femmes représentent désormais quasiment la moitié de la population active. Les femmes ont toujours travaillé mais la reconnaissance de ce travail a souvent porté à interprétation dès lors qu'il ne générait pas une gratification financière. Les femmes d'agriculteurs étaient-elles vraiment des agricultrices ou de simples collaboratrices de leur mari ? Une mère de famille au foyer n'était-elle pas une femme un peu oisive ? Le travail des femmes a longtemps été un travail invisible et nous ne pouvons que nous réjouir de la féminisation du monde du travail et de la reconnaissance de leur apport précieux.

---

1. Voir l'article d'Aline Leclerc dans *Le Monde* : « L'aide à domicile, un secteur à bout, miné par le sous-financement, la précarité des emplois et les pénuries de personnel », le 21 mai 2024.

Élisabeth Badinter dans *Le conflit : la femme et la mère*, paru en 2010, valorise la femme, celle qui travaille, s'émancipe et peut déployer ses qualités, mais s'inquiète de ce qui lui semble être un retour des valeurs « maternelles » et de ce qu'elles impliquent en termes d'*asservissement* des femmes, voire de retour du patriarcat. Elle développe et fustige, par exemple, le développement de l'allaitement maternel ou évoque longuement les « *childfree* », ces femmes qui renoncent à devenir mères afin de s'épanouir d'une autre manière. Élisabeth Badinter est de cette génération de féministes qui se sont battues pour les droits des femmes et se sont réjouies de voir légaliser et diffuser la contraception et l'avortement. Elle constate toutefois que les femmes de la génération suivante souhaitent exercer un métier et avoir des enfants, et prennent régulièrement des pauses ou choisissent un travail à temps partiel pour mener de front les deux, afin de « remplir les critères de la bonne mère[1] », affirme-t-elle.

Il ne lui semble pas envisageable que ces femmes soient plus heureuses de leur maternité que de leur travail ou qu'elles puissent simplement apprécier de prendre du temps avec leurs enfants. L'auteur ne semble pas non plus imaginer qu'une femme qui travaille à temps plein avec plusieurs enfants a besoin que d'autres femmes prennent le relais : assistantes maternelles, auxiliaires de puériculture, baby-sitters, femmes de ménage… qui n'ont pas toutes choisi leur métier pour s'y émanciper mais bien parce que nécessité économique fait loi.

La garde des enfants ne se fait plus sous le toit familial avec du personnel domestique, nourrices et bonnes

1. Elisabeth BADINTER, *Le conflit : la femme et la mère*, Éditions Flammarion, 2010.

d'enfants. Le lieu a changé, les noms aussi. Mais c'est toujours le même recours à un personnel ancillaire, peu payé et avec une protection sociale fragile.

Le travail féminin n'est pas toujours le lieu de l'émancipation, loin de là ! Tous les métiers du « *care* » évoqués ci-dessus sont devenus indispensables à nos modes de vie : personnels d'entretien (ménage et repassage), auxiliaires de vie, aides-soignantes, gardes d'enfants, employées des cuisines industrielles… Ce qui n'est pas fait « à la maison » est fait ou pris en charge à l'extérieur par des « invisibles ».

La classe ancillaire

Ce ne sont pas les femmes seulement qui font partie de ce que Jérôme Fourquet et Jean-Laurent Cassely désignent comme la « classe ancillaire » dans leur livre *La France sous nos yeux, économie, paysages, nouveaux modes de vie*, paru en 2022. Ce sont aussi les hommes qui sont, eux, chauffeurs de VTC, chauffeurs-livreurs, magasiniers, gestionnaires, dans les plateformes d'e-commerce dans ce nouveau monde que les deux auteurs désignent comme la « France Amazon ». Ils partagent aussi avec les femmes les métiers du web indispensables pour approvisionner et valoriser les boutiques d'e-commerce.

Ensemble, ils font partie de cette économie externalisée qui nécessite de plus en plus de bras d'exécutants au bout de la chaîne des applications et des plateformes. Les offres alléchantes « commandées en 2 clics » puis « livrées dans la journée » mobilisent des cohortes d'employés et de petites mains qui rendent possible cette externalisation de services à fournir toujours plus rapidement. Ce sont des emplois payés au SMIC, c'est-à-dire en dessous du salaire décent, avec peu de perspectives de progrès et des horaires souvent peu compatibles avec la vie de famille. Cette catégorie des « petits moyens » a nourri le mouvement des Gilets jaunes de 2018 à 2019.

La classe ancillaire est la première impactée par le travail du dimanche, travail qui ne semble plus être un sujet dans notre pays qui a fait le choix du primat de l'économie sur toute autre considération, en particulier familiale. Une journée de repos en commun, sans travailler ou sans déambuler dans les grandes surfaces des périphéries des villes, permet pourtant de renforcer les liens entre les personnes au sein de la vie familiale, amicale et associative.

Alors, que se passe-t-il dans les familles qui délèguent, au moins en partie, les courses, la cuisine, la garde des enfants, leur éducation ou le soutien des personnes âgées ? Disposent-elles de davantage de temps grâce à ces prestations de service ?

Le manque de temps

Si les familles délèguent autant, c'est qu'elles n'ont pas suffisamment de temps ! Les familles ont le sentiment permanent de courir après le temps. Plus particulièrement les parents de jeunes enfants qui, chaque soir, doivent être à l'heure à la sortie de l'école ou de la crèche, ont à vérifier les devoirs des plus grands, donner les bains, faire le dîner, préparer la journée du lendemain, tenter d'avoir du temps les uns avec les autres et se reposer un peu… C'est un rythme effréné, particulièrement dans les grandes villes où les temps de transport allongent la journée de travail d'une heure ou deux. De plus, les parents se mettent une pression supplémentaire avec des exigences plus élevées : les plus petits doivent être stimulés pour mieux réussir, il faut encourager l'estime de soi de chacun, proposer des activités extrascolaires épanouissantes, veiller à l'empreinte carbone en privilégiant, par exemple, les couches lavables pour les tout-petits… Ces injonctions autour de la réussite de chacun et des exigences du respect de la planète allongent sans fin la liste des tâches familiales !

L'UNAF (Union Nationale des Associations Familiales), a lancé une enquête auprès des parents à l'automne 2022. Elle montrait que 36 % de ceux-ci avaient rencontré des difficultés de conciliation entre la vie familiale et la vie professionnelle plusieurs fois par mois au cours des 12 derniers mois ; 42 % d'entre eux posaient des congés pour faire face aux imprévus familiaux liés aux enfants ; et 4 parents sur 10 avaient réduit leur activité professionnelle plus d'un mois (hors congés parentaux) pour s'occuper de leurs enfants. Les parents courent après le temps. Une famille où les deux parents travaillent à plein-temps est une famille où il n'y a quasiment pas de place pour l'imprévu.

Que faudrait-il faire pour aider financièrement les familles les moins aisées et donner plus de temps aux parents ?

Propositions de politique familiale

Lorsqu'un nouvel enfant arrive, les parents ont besoin de temps, mais ne peuvent s'arrêter, pour la plupart, au-delà des congés légaux (congé de maternité et congé de paternité) en raison de la trop faible rémunération du congé parental. Avec une Prestation partagée d'éducation de l'enfant (PreParE) de 448,43 € par mois pour un emploi à temps plein, soit un quart de SMIC, on mesure la difficulté pour les jeunes foyers de la classe moyenne qui souhaiteraient prendre un congé parental.

Nous préconisons un congé court bien rémunéré de 6 mois à 1 an et un congé long indemnisé jusqu'à l'entrée en maternelle : nous souhaitons la revalorisation de l'indemnisation du congé parental pour atteindre un minimum de 75 % du salaire au cours de la première année, comme en Suède. Nous demandons, pour ceux qui le souhaitent, le maintien d'un congé long, jusqu'aux 3 ans de l'enfant, indemnisé 1 100 € par mois. Nous souhaitons rétablir la liberté de s'organiser des familles en permettant un libre choix du congé par le père ou la mère.

La branche Famille de la Sécurité sociale est actuellement bénéficiaire, mais elle est ponctionnée pour renflouer les branches Maladie et Vieillesse. La solidarité entre les générations se fait au bénéfice des plus âgés alors que les familles attendent une meilleure politique pour concilier la vie familiale et la vie professionnelle. Le coût d'un berceau en crèche s'élève à environ 18 000 € par an pour la collectivité. Il serait moins onéreux de financer des congés parentaux pour les mères (ou les pères) qui souhaitent s'arrêter pour s'occuper de leur enfant plutôt que de payer pour des places en crèche. Nous entendons bien le mantra : « Il ne faut pas éloigner les femmes du marché du travail. » Nous l'avons entendu lors de la réforme des congés parentaux par la ministre Najat Vallaud-Belkacem. Nous l'avons à nouveau entendu lors de la présentation du congé de naissance par Emmanuel Macron en janvier 2024. Dans les deux cas, un examen attentif montrait qu'il s'agissait essentiellement de faire des économies ! Le travail des femmes n'était qu'un leurre de communication. Le congé de naissance consisterait essentiellement à supprimer le congé long, jusqu'aux trois ans de l'enfant, et à pousser ainsi les femmes à retourner au travail... et donc à contribuer aux cotisations sociales et à la production économique. Ce n'est pas le bien des femmes et de la famille qui est envisagé mais la productivité nationale.

Répétons-le, cette politique est de courte vue car elle encourage les parents à différer les naissances. Sans une natalité dynamique, c'est l'ensemble de notre système social fondé sur la solidarité entre les générations qui est déstabilisé. Notre économie est menacée par le manque d'investissement pour les nouvelles générations, assorti d'une diminution de la consommation.

L'immigration, dont on connaît l'impact social lourd, ne peut pas constituer une solution. D'autant plus que le taux de natalité d'une population immigrée s'aligne avec celle de son pays d'accueil au bout d'une génération.

Nous l'avons vu, la moitié des parents qui ont renoncé à avoir un enfant auraient fait un choix différent s'ils avaient pu prendre un congé parental. Les mesures de politique familiale sont donc bien des investissements pour notre pays : soutenir les familles qui veulent accueillir des enfants soutient la natalité.

✶

CLOTILDE

« Après la naissance de notre deuxième fille, Clara, j'ai repris le travail à temps plein. Je suis professeur des écoles et j'aime mon métier. Elle avait 4 mois et je travaillais beaucoup pour préparer ma classe puisque j'avais changé de niveau en passant du CP au CM2. Je n'ai aucun souvenir de Clara au cours de cette année. Tous mes efforts étaient orientés vers mon travail et dans une course après le temps. Quand nous nous promenions en famille le dimanche, c'était pour ramasser des pommes de pin pour mes élèves et j'avais hâte de coucher les enfants le soir pour travailler. J'étais à 200 % puisque, comme le vivent tous les parents, après la sortie de la crèche où je les laissais de 8 heures à 18 heures, mes filles me demandaient d'être entièrement disponible.

Après la naissance de notre troisième, j'ai repris à mi-temps, ce qui était déjà un net progrès. Mais j'étais insatisfaite car un mi-temps ne permet pas d'avoir sa classe bien « en main » puisqu'il faut composer avec l'autre enseignante. Par ailleurs, je continuais à utiliser mes jours libres pour préparer ma classe et je gagnais autour de 800 € alors que la crèche nous coûtait 600 € par mois. Je m'interrogeais beaucoup sur le sens de tout cela, je me sentais écartelée en me demandant où était ma place. Finalement, je me suis mise en disponibilité et suis maintenant à la maison depuis 4 ans. Pierre-Louis, mon mari, m'a encouragée à faire ce qui me rendrait le plus heureuse. Arrêter le travail a été un sacrifice et une grande joie. C'est un peu étrange mais les deux sentiments coexistaient. Certaines autour de moi ont réagi rudement. Peut-être étais-je vue comme faisant ce que d'autres ne pouvaient ou ne s'autorisaient pas à faire : prendre du temps pour élever nos enfants. Pierre-Louis m'est reconnaissant et me soutient. Nous avons la chance de pouvoir vivre avec un seul salaire, même si nous vivons simplement ; tout le monde ne peut pas se le permettre. J'ai aussi la chance d'avoir un métier que je peux reprendre quand je veux et où je veux. Rien n'est définitif. Tous les parents devraient pouvoir faire ces choix. ”

CHAPITRE 8

LA FAMILLE ET LES POUVOIRS PUBLICS

L'histoire du mouvement familial est intéressante pour comprendre comment les questions familiales ont émergé jusqu'à être intégrées dans les politiques publiques.

Le mouvement familial

En 1905, à la suite de la fermeture des écoles catholiques congréganistes, quelques pères de famille, profitant de la loi sur les associations et sous l'impulsion du chanoine Tournier, créent la première Association Catholique des Chefs de Famille (ACCF). En effet, de nombreux parents sont alors contraints d'inscrire leurs enfants dans l'enseignement public en raison de l'abrogation de la loi Falloux qui entraîne une interdiction d'enseigner pour les congrégations religieuses. Les ACCF ont initialement pour vocation de soutenir l'enseignement catholique et de défendre la liberté de conscience dans l'enseignement public. À la veille de la Première Guerre mondiale, on compte déjà 762 ACCF à travers la France, ce qui témoigne d'une forte vitalité militante pour la famille ! En 1914, l'objet de ces associations est élargi à la promotion de la famille à la lumière de la pensée sociale de l'Église ainsi qu'à la formation de la jeunesse.

La famille devient un sujet de préoccupation pour les responsables politiques, encouragés par le travail des associations familiales de divers courants de pensée : en 1938, les premières allocations familiales sont créées. En 1945, la représentation de la famille est organisée par la création de l'Union nationale des associations familiales (UNAF), dont les ACCF sont membres fondateurs. Son rôle, qui est toujours le même aujourd'hui, est de « défendre les intérêts matériels et moraux des familles présentes sur le territoire français ». Le gouvernement est tenu de consulter l'UNAF avant de légiférer en matière de politique familiale. En 1955, les ACCF deviennent les Associations Familiales Catholiques.

Les AFC

Les AFC sont des associations familiales : autrement dit, il s'agit de familles qui se groupent pour promouvoir la famille, la représenter et s'entraider.

Avec 20 000 familles et 276 associations locales, les AFC sont actuellement le second mouvement de l'UNAF. Elles sont représentées au sein du mouvement familial à la mesure du nombre de familles adhérentes et du nombre d'enfants par famille. De plus, il existe un bonus pour les familles nombreuses puisqu'on compte une voix pour le père, une voix pour la mère, une voix par enfant mineur avec une voix de plus par groupe de trois enfants. Une famille qui adhère aux AFC n'a pas de devoirs particuliers, mais elle aide par sa simple adhésion à influencer les décisions et à être davantage représentée. En plus de leurs représentants au conseil d'administration de l'UNAF, des adhérents AFC sont ainsi présents au Conseil économique, social et environnemental, à la Caisse nationale des allocations familiales, au Conseil d'orientation des retraites, au Haut conseil de la famille, de l'enfance et de l'âge, au Comité consultatif national d'éthique, etc. Localement, les AFC sont présentes dans les unions départementales des associations familiales, les caisses d'allocations familiales, les centres communaux d'action sociale, etc. Associations de consommateurs, elles ont aussi de nombreuses représentations dans le secteur marchand. Enfin, titulaires d'un agrément « santé », elles assurent la représentation des usagers du système de santé, comme les autres associations adhérentes de France Assos Santé, dans de nombreux hôpitaux, cliniques ou EHPAD. Dans tous ces lieux d'engagement, les membres des AFC s'efforcent de promouvoir la famille au sens de l'enseignement social de l'Église : « Communauté de vie et d'amour fondée sur le mariage entre un homme et une femme, ouverte à la vie, cellule de base de la société. » Un large maillage de laïcs engagés siègent ainsi dans des lieux institutionnels, associatifs, ou dans des entreprises, organismes de certification, établissements de santé. Ils contribuent, en dialogue avec d'autres courants de pensée, à porter une parole fondée sur la dignité de la personne, la primauté de la famille dans la société, le respect de la vie. En avril 2021, le journal *Charlie Hebdo* publiait l'article[1] suivant « Inconnues mais très influentes, les Associations Familiales Catholiques » qui regroupait un certain nombre de faits et d'insinuations, tout en reconnaissant leur capacité d'influence.

Outre la représentation de la famille, les AFC assurent la promotion de la famille dans la société afin que le choix de la famille fondée sur le mariage soit facilité et que les familles soient soutenues dans leur existence quotidienne et dans tous les domaines qui les concernent : de l'accueil

1. Voir l'article de Laure Daussy pour Charlie Hebdo, « Inconnues mais très influentes : les Associations familiales catholiques », publié le 27 avril 2021.

de la vie au soutien à la fin de vie en passant par les questions économiques, éducatives, de logement, de stabilité conjugale… En raison de leur ancrage institutionnel, elles sont régulièrement reçues dans les ministères ou à l'Élysée au niveau national, comme au niveau local par les élus locaux, maires et parlementaires. Elles affirment, à l'occasion de tous ces contacts, qu'il ne peut exister de société stable et paisible sans une reconnaissance et un soutien aux familles qui sont à son origine et qui la composent. Nous rappelons à nos interlocuteurs que la société n'existerait pas sans la famille. En retour, la famille est en droit d'attendre que les pouvoirs publics reconnaissent et protègent le mariage, engagement public qui la fonde institutionnellement ; elle demande la protection de sa raison d'être qu'est l'éducation des enfants ; les parents souhaitent vivement que soient garantis les moyens économiques de mener leur vie : la possibilité de travailler et de gagner un salaire décent et d'être soutenus par une politique pour la famille.

Lors de notre dernier rendez-vous à l'Élysée, en octobre 2023, nous avons présenté une étude sur les besoins des Français en matière de modes de garde, alerté sur l'effondrement de la natalité et montré les dangers de la loi « fin de vie ». Les AFC se sont en effet engagées contre ce projet de loi ; elles rencontrent les parlementaires, diffusent des argumentaires, prennent la parole dans la presse et sur les réseaux sociaux. Elles ont également produit et diffusé un documentaire[1] sur les conséquences de la loi sur l'euthanasie en Belgique : « Les souffrances cachées de l'euthanasie ». La dissolution du 9 juin 2024 a mis fin à ce

---

1. Voir sur le site des AFC, l'article publié le 1er janvier 2024 : « "Les souffrances cachées de l'euthanasie" : un documentaire inédit ».

projet de loi inutile, injuste pour les plus fragiles, régressif pour les droits humains et qui ouvre la porte à toutes sortes de dérives. Ses promoteurs n'ont pas renoncé et ont déposé une nouvelle proposition de loi à la rentrée 2024.

Enfin, troisième axe de leurs engagements, les AFC développent de nombreux services destinés à toutes les familles, adhérentes ou non au mouvement. Nous pouvons citer les groupes de parole entre parents que sont les Chantiers-Éducation, les antennes consommation pour aider à résoudre les litiges avec des fournisseurs, les parcours d'éducation à l'amour « Grandir et Aimer », des conférences sur des sujets de politique familiale, d'éducation, de conjugalité ou de société. Elles ont aussi développé récemment des formations pour les 18-25 ans, les AFC Jeunes, et des conférences en ligne pour les couples. Elles sont à l'initiative du forum VIVA ! qui, avec une vingtaine de mouvements partenaires cherche à témoigner de la joie vécue en famille et à soutenir les familles, la vie et les personnes fragilisées.

Un double ancrage

Les AFC ont un double ancrage : un ancrage institutionnel, à travers la mission de représentation des familles qu'elles assument au sein de l'UNAF, et un ancrage catholique puisqu'elles se réfèrent explicitement à la pensée sociale de l'Église. Elles n'agissent pas en lobby qui défendrait des intérêts particuliers : ce ne sont pas les « associations des familles catholiques ». Ce qui est « catholique » concerne non les personnes – le certificat de baptême n'est pas demandé pour adhérer – mais la référence qui est la doctrine sociale de l'Église. Une mentalité de lobby ou de syndicat attaché à défendre ses intérêts propres serait contradictoire avec l'attention au bien commun portée par notre mouvement. Les AFC soutiennent par exemple la mise en place d'une préparation à la conjugalité (et pas seulement la préparation au mariage religieux) afin de prendre soin des jeunes couples, quel que soit leur mode d'union, et de mieux les armer pour la vie commune.

Pour autant, les AFC ne sont pas un mouvement d'Église parce qu'elles ne satisfont pas aux cinq critères d'ecclésialité définis par l'exhortation apostolique du pape Jean-Paul II publiée en 1988, *Christifideles laici*. Il y manque l'appel à la sainteté de ses membres et l'annonce de la foi. Ces deux critères ne sont pas indifférents aux adhérents des AFC mais ne font pas partie de l'objet du mouvement. Les AFC sont simplement liées à la Conférence des évêques de France par un protocole d'accord qui est revu et signé tous les cinq ans. L'Église accorde donc une grande confiance à notre mouvement de laïcs, indépendant.

Ce double ancrage permet d'instaurer un dialogue précieux entre la société civile et des catholiques qui s'engagent dans la vie concrète de la société.

La FAFCE

Après 1989 et la chute du mur de Berlin, des associations familiales catholiques de plusieurs pays européens ont créé une plate-forme commune. À partir de 1994, elles se sont regroupées pour devenir, en 1997, la Fédération des associations familiales catholiques en Europe (la FAFCE).

En 2001, le Conseil de l'Europe reconnaissait la FAFCE comme une ONG dotée d'un statut participatif. La FAFCE regroupe maintenant 19 organisations membres, dans 14 pays, et 8 membres associés. Elle est présente dans 21 pays membres de l'UE. Elle promeut la famille au niveau européen tout en alertant sur l'hiver démographique dans lequel tous les pays européens sont désormais entrés. Elle rappelle régulièrement qu'en investissant dans les familles, l'Europe investit pour son avenir. Si les politiques familiales sont du ressort des états-membres, l'Europe peut contribuer à améliorer l'équilibre vie familiale-vie professionnelle ou veiller à la protection des enfants. L'une des convictions de la FAFCE est que les familles sont le trésor de l'Europe !

Le 1er juin 2017, lors d'une audience privée à l'occasion des 20 ans de la FAFCE, le pape François invitait les associations familiales à « développer avec créativité de nouvelles méthodes et ressources afin que la famille puisse exercer, dans le domaine ecclésial comme dans le domaine civil, la triple tâche de soutien aux nouvelles générations, d'accompagnement sur les routes si souvent accidentées de la vie, et de guide qui indique des références de valeurs et de significations sur le chemin de chaque jour. » Un beau programme qui rejoint ce que portent les mouvements à travers les aléas politiques que traversent leurs pays.

Un engagement dans quel but ?

Depuis 1945 et la création de l'UNAF, de nombreux combats ont été menés par les AFC : contre la loi Veil et la loi sur le divorce par consentement mutuel en 1975, pour l'école libre en 1984, contre le PACS en 1999 et le mariage pour tous en 2013, contre la PMA pour toutes en 2021. Seul le combat pour l'école libre a été gagné. Beaucoup s'interrogent : est-il encore utile de s'engager alors que les AFC et leurs alliés, pourtant nombreux au moment du mariage pour tous, n'ont pas obtenu gain de cause ?

Cette question des objectifs, de leur pertinence, des forces en présence, du contexte historique et culturel a déjà donné lieu à beaucoup d'essais de qualité, tels que ceux de Rod Dreher[1], de Guillaume Cuchet[2], de Yann Raison du Cleuziou[3], de Chantal Delsol[4] ou de Jean-François Chemain[5], qui éclairent de différentes manières, toutes enrichissantes, notre réflexion.

Présidente de la Confédération des AFC depuis 6 ans, je travaille au quotidien ces questions avec des équipes rapprochées, bureau, conseil d'administration, équipe de permanents. Ensemble nous sommes aux avant-postes de l'engagement des laïcs catholiques dans la société.

Ces laïcs ont gagné en réalisme et en maturité ce qu'ils ont perdu en illusions. Quelques indicateurs ont agi comme autant d'alarmes pour les chrétiens engagés : le nombre de catholiques a fortement diminué ; si la moitié d'une classe d'âge, soit quelque 400 000 bébés étaient encore baptisés à la fin du XXe siècle, ils étaient presque moitié moins

---

1. DREHER, Rod, *Comment être chrétien dans un monde qui ne l'est plus – Le pari bénédictin*, Ephata, 2017.

2. CUCHET, Guillaume, *Comment notre monde a cessé d'être chrétien – Anatomie d'un effondrement*, Seuil, 2018.

3. RAISON DU CLEUZIOU, Yann, *Une contre-révolution catholique – Aux origines de la manif pour tous*, Seuil, 2019.

4. DELSOL, Chantal, *La fin de la chrétienté*, Cerf, 2021.

5. CHEMAIN, Jean-François, *Ces idées chrétiennes qui ont bouleversé le monde*, Artège, 2023.

en 2022. Par ailleurs, les grandes figures médiatiques de l'Église des années 1980 et 1990 ont, pour une bonne part d'entre elles, été rattrapées par des scandales d'abus sexuels ; enfin, après avoir passé des heures et des jours à tracter, pétitionner ou manifester, les opposants n'ont pas ou peu influé sur les évolutions en cours. Beaucoup ont alors préféré entériner les transgressions et passer à autre chose. « Finalement, à quoi bon ? »

Depuis trois ans, une nouvelle génération de responsables, plus jeunes, accompagne l'arrivée de nouvelles familles avec une croissance de nos adhérents. Ces jeunes familles, plus conscientes des enjeux, plus attentives à l'éducation de leurs enfants dans un contexte difficile, demandent à notre mouvement de les aider à vivre en catholiques engagés dans la société.

Nous avons, pendant de nombreuses années, tenté de freiner l'évolution de la société et de retrouver ce qui nous apparaissait comme un Éden perdu. « Nous referons chrétiens nos frères », chantait la JOC dans les années 1930, alors que le philosophe Jacques Maritain attendait « le retour des masses en chrétienté ». Il n'y aura pas de retour en arrière et le préfixe « re », refaire, retour, revenir, retrouver, etc., abondamment utilisé, nous a trop fait avancer en regardant en arrière. Il n'y aura pas de retour, simplement parce que l'histoire ne se répète pas et que c'est autre chose qui s'écrit désormais. Plus vite les catholiques auront intégré ce changement, plus vite ils se mettront à l'écoute du monde tel qu'il est aujourd'hui, de ses besoins, de ses souffrances, de ses attentes, pour inventer la manière d'être chrétien au XXIe siècle en répondant aux défis auxquels sont confrontées les jeunes familles. « Voici que je fais toutes choses nouvelles », proclame le Christ de l'Apocalypse. Puissent les catholiques entrer dans cette radicale nouveauté et cesser de perdre du temps à déplorer les pertes subies. Des progrès adviendront mais d'abord dans d'autres domaines que ce qui s'est déconstruit récemment. Nous pouvons déjà les voir dans la condamnation très ferme de la pédophilie, pourtant tolérée jusque dans les années 1980, la prise de conscience croissante des ravages de l'exposition des jeunes à la pornographie, ainsi que la fin de l'impunité pour les agresseurs sexuels…

Le 8 novembre 2023, lors de l'audience générale sur la place Saint-Pierre, le pape François a salué le rassemblement des responsables des AFC : « Je salue cordialement […] tous les membres de la Confédération nationale des Associations familiales catholiques. Face à notre monde sécularisé, ne nous lamentons pas mais voyons-y un appel à éprouver notre foi et une invitation à communiquer la Joie de l'Évangile. » Ne nous lamentons pas ! La racine des changements que nous déplorons n'est pas dans une perte d'influence circonstancielle. Elle est dans le recul de la foi en France et en Europe. Rien ne changera en profondeur si l'Évangile n'est pas joyeusement annoncé en notre temps.

Nous sommes donc engagés non pas pour tenter d'inverser le cours de l'Histoire mais parce qu'il y a, ici et maintenant, du bien à faire pour les personnes, pour les familles et pour la société. Notre tentation est bien souvent de dénoncer ; notre vocation est avant tout d'édifier une société du bien commun.

★

GUILLAUME

« Je suis président d'une AFC depuis bientôt 15 ans.

Lorsque j'ai commencé, nous étions 14 familles adhérentes. Aujourd'hui, nous sommes 140. Nous sommes devenus incontournables. On nous fait confiance. Une AFC, ça sert à mettre les familles en relation, à créer du lien, à se connaître et s'entraider. C'est le cas chez nous : tous les états de vie sont représentés. Les familles multigénérationnelles, de sensibilités diverses se retrouvent dans un esprit d'unité.

Il ne suffit pas d'aller manifester pour défendre de belles causes, c'est aussi important de faire des projets ensemble, de mieux se connaître pour œuvrer et devenir facteur d'unité là où l'on habite.

Par exemple, notre député est assez partagé sur la question de la fin de vie : il y a ses intérêts électoraux d'une part et sa position personnelle d'autre part. Nous nous connaissons mieux à force de nous rencontrer : il est plutôt attaché aux soins palliatifs car sa grand-mère en a bénéficié, mais il n'aurait pas forcément le courage politique de s'opposer à un nouveau texte de loi. Au minimum, si une loi était à nouveau discutée, mon objectif serait qu'il ne vote pas pour l'euthanasie mais qu'il s'abstienne.

Nous sommes déjà allés le voir à trois reprises et avons argumenté et discuté. Un climat de confiance s'est établi. Son désir est de mieux faire connaître les soins palliatifs. J'ai rebondi sur ce souhait : pour l'aider à faire un pas de plus vers l'opposition à l'euthanasie, je lui ai proposé de participer à une table ronde, organisée par le centre de soins palliatifs de notre ville et notre AFC sur ce sujet. Monter ce projet en l'incluant en tant qu'élu, être à ses côtés, sera sans doute plus efficace que tous les argumentaires.

Je suis aussi présent à l'UDAF, l'Union départementale des Associations familiales, dont la mission principale est de veiller sur les majeurs protégés.

Ce que nous faisons dans notre AFC ?

Des conférences sur l'éducation ou sur des sujets de société. Nous organisons des sorties familiales, un dimanche en famille, des rencontres avec nos élus, des Chantiers-Éducation, un marché de Noël pour soutenir une œuvre caritative locale (par exemple, nous avons pu offrir un panier gourmand à tous les retraités de l'EHPAD pour Noël), des ateliers bricolages pour les enfants et les ados avant Noël, une collecte pour les futures mères en difficulté, un service de petites annonces hebdomadaire… les projets et les initiatives ne manquent pas ! ”

CHAPITRE 9

LA FAMILLE, REMÈDE POUR UNE SOCIÉTÉ MALADE

Fin juillet 2024, à la veille des Jeux Olympiques et dans la torpeur de l'été, les déclarations des onze groupes parlementaires à l'Assemblée nationale ont été publiées sans recevoir beaucoup d'écho. On peut y lire que certains s'engagent sur des sujets qui concernent la famille : le niveau de vie, le logement, le travail, notre système social, mais pas un seul ne relève qu'il s'agit aussi de développer une véritable politique pour les familles. Le mot « famille » n'est d'ailleurs utilisé que par un seul groupe et pour évoquer sa « famille politique ». Ne pas citer la famille, les attentes des familles, les besoins des familles ou la politique familiale, ce n'est pas qu'une question de vocabulaire. Cet oubli traduit la pensée de nombreux politiques qui n'envisagent le peuple français que comme une somme d'individus juxtaposés, dont les choix familiaux ne concerneraient que la sphère privée.

Les décideurs politiques peuvent beaucoup ; mais ils ne peuvent pas tout. Ce d'autant que notre société souffre de bien des maux. Tout attendre des hommes et des femmes politiques peut aussi être une manière d'abdiquer nos responsabilités individuelles pour nous cantonner dans une attitude de déploration et de dénonciation stériles. Les familles ont, elles, et elles seules, la possibilité de tisser un maillage précieux d'attention sur mesure envers chacun de leurs membres. Et au-delà ! C'est une responsabilité partagée par tous ; ce n'est pas l'apanage des élus. Lorsque les familles sont fidèles à leur vocation, c'est l'ensemble de la société qui se porte mieux.

Les familles sont une ressource irremplaçable pour la société parce qu'elles sont faites pour répondre à un certain nombre de défis grâce à leurs talents propres : sollicitude attentive envers chacun de leurs membres, solidarité intergénérationnelle, effort éducatif ajusté pour chaque enfant durant une vingtaine d'années, prise en compte des enjeux sans précédents de l'écologie. Prenons conscience des remèdes apportés par les familles à une société malade.

Défi économique

Entre février 2022 et février 2023, les prix de l'énergie ont augmenté de 14 % et les prix de l'alimentation de 15 %, selon l'INSEE. Une personne sur dix, en France, vit dans un foyer qui n'a pas les moyens financiers de se chauffer correctement et la même proportion n'a pas les moyens de manger un repas avec des protéines tous les deux jours. Ces personnes rejoignent celles que le sondeur Jérôme Fourquet et le journaliste Jean-Laurent Cassely classent comme recourant à « l'économie du *discount*, de l'occasion et de la débrouille » dans *La France sous nos yeux*.

La famille, premier amortisseur social, est la première communauté vers laquelle se tourner lorsque la vie devient difficile. Nombre de parents et de grands-parents soutiennent ainsi financièrement leurs enfants et petits-enfants pour faire face aux accidents de la vie, pour les aider à prendre leur autonomie en entrant dans l'âge adulte, ou même régulièrement pour pourvoir à leurs fins de mois. Les Gilets jaunes ont été nombreux à en témoigner. Des parents se portent ainsi caution pour la location du premier logement de leurs enfants, des grands-parents aident leurs petits-enfants pour l'achat de leur première voiture ou pour régler les factures d'énergie auxquelles leurs enfants ne parviennent plus à faire face ; les exemples sont innombrables. Cette solidarité intrafamiliale est en outre inscrite dans la loi avec le « devoir de secours » entre époux ou pacsés et avec « l'obligation alimentaire » entre les générations.

Dans la vie quotidienne, les grands-parents sont les premiers sollicités pour aider à garder leurs petits-enfants, compensant ainsi les difficultés croissantes de conciliation entre la vie familiale et la vie professionnelle des parents. 40 % des grands-parents[1] garderaient leurs petits-enfants chaque semaine. Ces grands-parents offrent un mode de garde simple et facile d'accès pour les plus petits, que ce soit à l'occasion des vacances scolaires, toutes les 7 semaines, ou pour éviter les garderies périscolaires du soir ou du mercredi. Ils allègent ainsi l'un des postes de dépenses de leurs enfants. Les petits-enfants bénéficient de la sécurité affective chaleureuse de leurs papis et mamies, s'enracinent davantage dans l'histoire familiale et baignent dans un environnement cohérent avec l'éducation qu'ils reçoivent à la maison. Les grands-parents, quant à eux, sont heureux de se sentir utiles en soutenant leurs enfants et disent se sentir rajeunis par cette responsabilité épisodique. D'après la revue *Evolution and Human Behavior,* une étude[2] parue en 2017 montre que les grands-parents

1. Voir le magazine l'*Édition du soir*, l'article de Clémentine Maligorne : « S'occuper de ses petits-enfants permettrait de vivre mieux et plus longtemps », publié le 10 avril 2024.

2. Voir l'article de Alexander Pashos *Sage Journals* : « *Asymmetric Caregiving by Grandparents, Aunts, and Uncles and the Theories of Kin Selection and Paternity Certainty: How Does Evolution Explain Human Behavior Toward Close Relatives ?* », publié le 23 mars 2017.

qui s'occupent souvent de leurs petits-enfants vivent en moyenne 5 ans de plus que les autres et présentent un risque de décès prématuré de 37 % plus faible que les grands-parents qui n'ont pas cette chance !

La solidarité entre les générations s'inverse plus tard, lorsque les grands-parents, en situation de grande vieillesse, de handicap ou de maladie, s'appuient à leur tour sur leurs enfants. Les aidants deviennent alors aidés, qu'il s'agisse de contribuer aux frais de prise en charge en EHPAD ou de rendre service au quotidien.

Ces nombreuses solidarités ascendantes ou descendantes dessinent une société de petites communautés solidaires qui constituent de puissants amortisseurs sociaux tout au long de la vie. Ces aides variées, ajustées aux besoins du moment, apportées avec générosité, ne pourraient d'ailleurs pas être fournies avec la même qualité de dévouement par des structures ou des organismes publics.

La sphère éducative est, elle aussi, un apanage familial irremplaçable.

Défi éducatif

L'éducation, et d'abord celle qui est donnée par les parents « premiers et principaux éducateurs », contribue à la bonne santé de la société : les parents ont donc besoin de messages de confiance, positifs et reconnaissants qui valorisent ce qu'ils apportent à la communauté en élevant leurs enfants.

Saluons donc et valorisons l'engagement des pères et des mères de famille, ces « aventuriers des temps modernes », selon l'expression de Péguy : ils sont ceux qui mettent au monde et portent avec abnégation, confiance et espérance la génération qui suit jusqu'à l'âge adulte. Ils remplissent la mission, si précieuse pour la société, d'élever les adultes de demain pour en faire des citoyens éduqués, responsables et utiles. C'est une mission irremplaçable.

Saluons tous les parents qui cherchent et trouvent en eux les ressources pour faire face aux aléas de la vie de famille : la maladie de l'un des enfants, la grande prématurité, le handicap, le harcèlement, les troubles des apprentissages, une crise d'adolescence explosive, les troubles psychiques… Et aussi, plus banalement, les parents qui portent avec tonus et opiniâtreté le poids des jours : la présence empathique auprès de chacun, l'aide à la réussite scolaire, les limites à poser en se sentant à contre-courant (« Les parents de mes potes sont bien plus cools que vous ! »), les écrans et les réseaux sociaux à gérer… Ces pères et mères de famille édifient, dans les deux sens de ce mot, la société tout entière !

Écrans

Ce n'est en effet pas facile de poser des limites aux enfants et adolescents quant à la gestion des écrans et de leur apprendre à interagir avec prudence et respect sur les réseaux sociaux ! Reconnaissons que ce n'est déjà pas simple pour les adultes de se discipliner à ce sujet… Si les relations interpersonnelles passent beaucoup, de plus en plus, par des échanges digitaux qui facilitent les interactions et l'accès à l'information, ceux-ci créent un parasitage de la vie de famille et une accélération de la vie quotidienne.

Les *digital natives* commencent à devenir parents à leur tour. Seront-ils plus attentifs à ces questions avec leurs enfants pour en avoir déjà perçu les dangers et les limites ? Pour lors, c'est au sein de la famille, dans un accompagnement personnel, progressif et prudent de chaque enfant que se fait cette éducation : il ne s'agit pas d'interdire tous azimuts, au risque que les verrous sautent sitôt les parents absents, mais d'accompagner, d'éduquer, en un mot de rendre peu à peu les jeunes *maîtres* des outils digitaux et non le contraire. Comme pour tous les nouveaux outils, celui-ci n'est pas bon ou mauvais en lui-même, tout dépend de l'usage qui en est fait. L'éducation est donc déterminante et, tout spécialement, les exemples des parents et l'accompagnement familial attentif. L'enjeu ultime est que la digitalisation des relations soit davantage source de liens que d'isolement dans un tête-à-écran chronophage. Pour aider les parents et les éducateurs, les AFC ont publié deux brochures : *12 Questions à se poser sur les réseaux sociaux*[1] et *12 Questions à se poser pour protéger ses enfants de la pornographie*[2].

Éducation à l'amour

C'est aussi au sein de la famille que chacun apprend à aimer. C'est un sujet éducatif sensible. Peut-être le sujet le plus important de ce que des parents peuvent transmettre. On parle d'éducation sexuelle ou encore d'éducation à

---

1. CNAFC, *12 Questions à se poser sur les réseaux sociaux*, Téqui, 2023.

2. CNAFC, *12 Questions à se poser pour protéger ses enfants de la pornographie*, Téqui, 2022.

la vie affective et relationnelle, et à la sexualité (EARS). Il s'agit d'apprendre à aimer : nous parlerons ici *d'éducation à l'amour*. Oui, sujet parmi les plus importants puisqu'il touche à l'intimité de chacun, à la liberté de conscience des familles, au couple et au foyer futurs des enfants. Alors que, pour beaucoup, la sexualité est vue comme un lieu de performances, de consommation consentante d'un autre ou de transgressions sans limite, l'éducation à l'amour cherche à tracer devant chaque jeune un chemin de bonheur qui lui permette de se comprendre lui-même, garçon ou fille, pour construire, en grandissant en maturité affective, une relation d'amour durable. Des associations ou l'école peuvent aider les parents dans cette éducation, mais à quelques conditions :

- Les parents doivent être informés par avance de ce qui sera transmis à leurs enfants, avec la liberté d'y participer ou non.
- La personne qui intervient doit se positionner de manière délicate et respectueuse tout en étant attentive aux réactions de chacun des enfants ou adolescents.
- L'éducation à la pudeur, geste, paroles, regards… est un élément important de cette éducation. Elle apprend à l'enfant à respecter les autres et à se protéger (pornographie, abus, etc.).
- L'éducation à l'amour doit permettre d'unifier l'inné et l'acquis sans instiller de doute sur l'identité de genre. On naît garçon pour devenir un homme ou fille pour devenir une femme. L'un et l'autre sont différents, complémentaires et égaux en dignité.
- Cette éducation est attentive à faire croître en unité, corps, cœur et esprit sans dissociation. On aime de toute sa personne.

– Les informations de nature comportementale n'y ont pas leur place. Les enfants, les jeunes n'ont pas à être initiés aux gestes de la sexualité par la génération précédente.
– La sexualité (avec toutes ses dimensions, relation, tendresse, plaisir…) est pour l'amour du couple et pour la transmission de la vie.
– Les enfants et les jeunes ont besoin de comprendre le réel (l'évolution pubertaire et la physiologie du corps sexué) ; ils sont invités à s'émerveiller devant la venue de la vie et le développement de l'enfant à naître.

Redonner toute leur place aux parents en ce domaine plutôt que de les contourner davantage est devenu indispensable alors que de plus en plus d'adolescents sont livrés à la prostitution, s'interrogent sur leur identité de genre ou leur orientation sexuelle, n'ont pas de repères bioéthiques, voire ne croient plus à l'amour pour eux-mêmes… Les parents sont les mieux à même de protéger leurs enfants.

En 2018, les AFC ont lancé *Grandir et Aimer*, un parcours d'éducation à l'amour pour les 8-11 ans et leurs parents, animé par des parents. Les pères et mères de famille, les enseignants et les jeunes eux-mêmes nous disent les bienfaits d'une éducation précoce qui répond à leurs questions, les aide à se construire et les apaise. Le parcours repose sur l'album pour enfants *Lucas et Léa, le cours de la vie*[1], et sur les webséries du même nom, consultables sur YouTube. Parmi les nombreux retours,

1. BERTAIL, Laura et MORINIÈRE, Pascale, *Lucas et Léa, le cours de la vie*, Éditions Salvator, 2024.

voici celui de Cécile, adressé à la directrice de l'école de sa fille, Léonie : « J'en profite pour vous dire à quel point j'ai trouvé intéressante et enrichissante la réunion de parents d'hier soir. Quelle belle initiative, je n'ai pas vu les 2 heures passer et j'ai encore passé une heure en rentrant à en parler à la maison avec mon mari. Je n'ai pas d'autre résumé que de reprendre vos mots “J'aurais aimé qu'on m'explique les choses comme ça !” Ces 2 personnes parlent de leur sujet de façon passionnante, j'ai hâte que Léonie les rencontre ! »

L'éducation à l'amour est vitale pour de nombreux jeunes dans une société qui confond trop souvent le verbe *aimer* avec le verbe *consommer*. De nombreuses associations, les AFC, bien sûr, mais aussi le CLER, TeenSTAR, Cycloshow, Pass Amour, Parlez-moi d'amour, etc., attendent que des adultes généreux s'engagent pour transmettre la bonne nouvelle de l'amour et de la vie aux jeunes générations.

La société du lien commence par la construction de couples durables. L'échec de tant de couples, mal construits, parce que mal fondés, est le vecteur d'explosions familiales et d'un surcroît de solitude.

Épidémie de solitude

L'expression « d'épidémie de solitude » est du pape François qui est allé jusqu'à utiliser les mots de « pandémie de solitude ». Il s'inquiète en particulier de la solitude des personnes âgées et s'est élevé, en juillet 2024, contre l'abandon des personnes âgées, « une triste réalité à laquelle nous ne devons pas nous habituer ».

La solitude est le négatif photographique de la famille qui peut être vue comme un entrelacs de relations où chacun est confié aux autres d'une manière toute particulière. Avoir du prix aux yeux de quelqu'un ou de quelques-uns fait vivre et permet d'échapper à la « mort sociale ». Ce sont les familles, riches de ces relations interpersonnelles, qui ont la responsabilité morale de les partager au-delà de leur cercle. La chaleur de nos relations, la joie de nos fêtes, la richesse de nos échanges, comme le crépitement de nos prises de bec et l'impatience de nos retrouvailles ne peuvent, ne doivent pas être gardés pour notre seul cocon. À chaque famille d'inventer la manière dont elle peut se préoccuper de celui ou celle qui prend ses repas seul ou seule devant son assiette, entre ses quatre murs. Si les 18,5 millions de familles françaises portaient cette préoccupation de l'attention à ceux qui *n'en sont pas*, notre société irait beaucoup mieux. Encore une fois, n'attendons pas tout de l'État, des services sociaux, des associations ou des professionnels de la solidarité alors que nos voisins de palier vivent cette triste réalité et que les familles sont la meilleure réponse possible à *l'épidémie de solitude* !

DÉFI ÉCOLOGIQUE

Notre monde s'est lancé, au long du XXe siècle, avec enthousiasme et frénésie dans le développement technique. La science et ses nouvelles perspectives devaient permettre de quitter les âges sombres « dominés par la religion » et régler l'ensemble des problèmes de l'humanité. Le mythe prométhéen nous a semblé à portée de main ! Plus dure est la chute en ce début de XXIe siècle. Notre planète étouffe sous les pratiques polluantes et les plus pauvres sont les premiers à souffrir de nos habitudes de vie[1]. Or des modes de vie plus sobres, renouvelables et respectueux du vivant s'apprennent avant tout en famille. Laisser les lieux que l'on utilise dans l'état où on aimerait les trouver, ne pas détruire la fourmilière découverte au détour d'un sentier, ne rien laisser derrière soi après un pique-nique familial, éteindre la lumière des pièces que l'on quitte, qu'on se trouve chez soi ou dans un lieu public, ne rien jeter par la fenêtre de sa voiture, acheter en priorité des produits d'hygiène non polluants, acheter, si on le peut, en circuit court ou en AMAP, trier ses déchets, ne pas gâcher, jeter le moins possible, consommer des médicaments à bon escient, respecter tous les êtres vivants, quel que soit leur stade de développement, avoir conscience de l'impact de nos comportements... Tous ces points, et bien d'autres, sont des bonnes pratiques qui s'enseignent d'abord en famille. Inutile de considérer l'écologie comme une nouvelle religion et adresser des anathèmes pour culpabiliser ceux qui passeraient outre les bonnes pratiques ! Nous prenons globalement conscience qu'un nouveau mode de vie est nécessaire, mais cela demande du temps et des efforts. Le mieux est de nous encourager mutuellement ! Les jeunes familles sont souvent plus sensibilisées à ces questions et tentent d'instaurer un autre rapport au monde, différent du « tout consommation ». L'écologie progresse par les familles !

1. Le pape François, *Laudato Si, Encyclique*, Cerf, 2015.

Baby crash : le défi démographique

La crise démographique qui impacte notre pays n'est pas une fatalité. La France est déjà passée par des périodes de faible natalité. En 1994, par exemple, la natalité était tombée à 1,66 enfant par femme (rappelons que la natalité était de 1,68 en 2023). Elle a ensuite augmenté assez régulièrement jusqu'en 2010 avant de décroître à nouveau. L'explication est très probablement qu'entre 1996 et 2006 a eu lieu chaque année une Conférence de la famille réunissant les décideurs politiques, la branche famille de la Sécurité sociale, l'UNAF et les associations familiales. À cette occasion, des mesures de politique familiale ont été annoncées et prises chaque année. La France n'est pas un pays malthusien ! Les Français ont toujours un désir d'enfants très élevé, au-delà du seuil de renouvellement des générations. Rien ne se fera sans les familles ! Elles sont prêtes à avoir davantage d'enfants pour peu qu'elles en aient les moyens. Redisons-le, quand les familles ont les moyens d'accueillir le nombre d'enfants qu'elles souhaitent et de les élever sans devoir recourir à « l'économie de la débrouille », alors c'est l'ensemble de la société qui va mieux, qui se projette vers l'avenir, qui investit dans la génération montante, qui dynamise l'économie, qui augmente le rayonnement et l'influence de notre pays et qui pérennise son système social fondé sur la solidarité entre les générations.

Solidarité de proximité, éducation, transformation écologique, démographie : dans tous ces domaines, ce sont des familles, plus que des décideurs ou des experts, que viendront les solutions d'avenir. Alors que de nombreux domaines sont à rebâtir, l'expérience montre que ce sont souvent des initiatives individuelles concrètes et locales de quelques personnes qui ouvrent de nouveaux chemins, bien plus que des décisions administratives centralisées. Le principe de subsidiarité, qui entend qu'une décision soit prise par l'entité la plus proche de ceux qui seront concernés par ce choix, trouve ici une application éloquente.

CONCLUSION

Le 11 septembre 2001 a marqué l'entrée dans un nouveau monde. Il n'est pas venu d'un coup. Mais cette date-événement a permis de voir ce qui se dessinait depuis la fin du XXe siècle : une profonde mutation des équilibres issus des lendemains de la Seconde Guerre mondiale. Nous sommes entrés dans une nouvelle ère sous la poussée des migrations, de la montée de l'Islam radical, de la digitalisation du monde, du primat donné à la technique, des urgences écologiques, de la confusion des genres, de la perte de sens de la dignité de tout être humain et de la faiblesse des sociétés occidentales.

Nous avons congédié Dieu de notre monde et celui-ci a commencé de se déshumaniser. Nous allons vers des temps difficiles, de manière durable.

Le général Thierry Burkhard, le chef d'état-major des armées françaises[1], confirme « qu'il faut se préparer à des temps assez durs, sinon très durs pour l'Occident », alors que se renforce la « récusation du modèle occidental ». « Ne croyons pas qu'on va revenir au monde d'avant. Ce qui se met en place, on va devoir vivre avec. » Le philosophe Martin Steffens reconnaissait dès 2016[2] : « Pour le moment, nous sommes désarmés comme jamais, n'ayant plus collectivement, les ressources suffisantes pour opposer

---

1. Intervention devant les responsables du MEDEF, le 26 août 2024.

2. STEFFENS, Martin, *Rien que l'amour, repères pour le martyre qui vient*, Salvator, 2016.

à notre ennemi, politique ou spirituel, autre chose que des discours ou des « mesures ».

Au-delà de ces prévisions, nous pressentons tous que l'âge d'or vécu depuis les années 1950, et que nous avions cru définitif, ne le sera pas pour les nouvelles générations. Celles-ci doivent s'y préparer. C'est-à-dire être rendues capables de tenir debout et ferme pour faire face à ce monde en mutation. Tenir bon dans la foi, penser librement, agir avec courage. Foi, espérance et charité. La famille est le lieu privilégié, peut-être le dernier espace de liberté, où transmettre ces vertus à nos enfants. Elle est aussi ce qui peut permettre de se soutenir dans des temps difficiles. La crise du Covid a été une répétition générale. N'attendons pas monts et merveilles du pouvoir politique qui, à de rares exceptions, ne comprend plus la finalité sociale de la famille. Cultivons nos solidarités de proximité, localement, au plus près, loin des statistiques et près des visages connus.

S'engager pour la famille permet de rejoindre le général, le bien commun de toute la société, et le particulier, le bien de chaque personne, et d'unir l'un à l'autre. À la question de Caïn : « Suis-je le gardien de mon frère ? », la famille nous apprend à répondre positivement : « Oui, je suis le gardien de mon frère ! », c'est-à-dire, « Quoi qu'il arrive, je veillerai sur toi ! » et d'arrimer ainsi chacun à un lacis de relations de confiance. Ce ne sont pas des relations parfaites, bien sûr. Mais ce sont des relations vivantes. La famille est l'exact inverse du « chacun pour soi » puisqu'elle est le lieu du « chacun pour tous » et du « tous pour chacun ». Au-delà de la famille, c'est dans la société tout entière que nous sommes confiés les uns aux autres pour faire grandir une société du lien. La famille est le cœur battant, la matrice de la société : c'est à partir de la famille que nous accueillons la vie, que nous prenons soin de chacun, que nous assurons la solidarité entre les générations, que nous apprenons à aimer, que nous assurons des solidarités de proximité…

La Famille attend des familles qui s'engagent pour elle.

Remerciements

Mes remerciements les plus chaleureux à Antoine Renard, Claire-Marie Morinière et François Lesecq pour leur relecture attentive.

Toute ma gratitude aux personnes qui ont accepté de témoigner pour parler de leur histoire, de leur vie quotidienne, de leurs questionnements ou de leur engagement, afin de rendre ces pages plus vivantes.

Pour adhérer aux AFC

Table des matières

Imprimé en France

Composition : PCA/CMB

N° d'imprimeur : N09137250201
Achevé d'imprimer : février 2025
Dépôt légal : mars 2025